寻找智慧的先行者

发明家与科学家

《中国大百科全书》青少年拓展阅读版编委会　编

中国大百科全书出版社

图书在版编目（CIP）数据

寻找智慧的先行者·发明家与科学家 /《中国大百科全书》青少年拓展阅读版编委会编 . —北京：中国大百科全书出版社，2019.9

（中国大百科全书：青少年拓展阅读版）

ISBN 978-7-5202-0591-7

Ⅰ.①寻… Ⅱ.①中 … Ⅲ.①科学家—生平事迹—世界—青少年读物 Ⅳ. ① K816.1-49

中国版本图书馆 CIP 数据核字（2019）第 215490 号

出 版 人	刘国辉
策划编辑	李默耘　程　园
责任编辑	李默耘
封面设计	WONDERLAND Book design 仙境 QQ:344581934
责任印制	李　鹏
出版发行	中国大百科全书出版社
地　　址	北京阜成门北大街 17 号
邮　　编	100037
网　　址	http://www.ecph.com.cn
电　　话	010-68341984
印　　刷	蠡县天德印务有限公司
开　　本	710 毫米 ×1000 毫米　1/16
字　　数	69 千字
印　　张	7
版　　次	2019 年 9 月第 1 版
印　　次	2020 年 1 月第 1 次印刷
定　　价	32.00 元

本书如有印装质量问题，请与出版社联系调换

序

百科全书（encyclopedia）是概要介绍人类一切门类知识或某一门类知识的工具书。现代百科全书的编纂是西方启蒙运动的先声，但百科全书的现代定义实际上源自人类文明的早期发展方式：注重知识的分类归纳和扩展积累。对知识的分类归纳关乎人类如何认识所处身的世界，所谓"辨其品类""命之以名"，正是人类对日月星辰、草木鸟兽等万事万象基于自我理解的创造性认识，人类从而建立起对应于物质世界的意识世界。而对知识的扩展积累，则体现出在社会的不断发展中人类主体对信息广博性的不竭追求，以及现代科学观念对知识更为深入的秩序性建构。这种广博系统的知识体系，是一个国家和一个时代科学文化高度发展的标志。

中国古代类书众多，但现代意义上的百科全书事业开创于1978年，中国大百科全书出版社的成立即肇基于此。百科社在党中央、国务院的高度重视和支持下，于1993年出版了《中国大百科全书》（第一版）（74卷），这是中国第一套按学科分卷的大百科全书，结束了中国没有自己的百科全书的历史；2009年又推出了《中国大百科全书》（第二版）（32卷），这是中国第一部采用汉语拼音为序、与国际惯例接轨的现代综合性百科全书。两版百科全书用时三十年，先后共有三万多名各学科各领域最具代表性的专家学者参与其中。目前，中国大百科全书出版社继续致力于《中国大百科全书》（第三版）这一数字化时代新型百科全书的编纂工作，努力构建基于信息化技术和互联网，进行知识生产、分发和传播的国家大型公共知识服务平台。

从图书纸质媒介到公共知识平台，这一介质与观念的变化折射出知识在当代的流动性、开放性、分享性，而努力为普通人提供整全清晰的知识脉络和日常应用的资料检索之需，正愈加成为传统百科全书走出图书馆、服务不同层级阅读人群的现实要求与自我期待。

《〈中国大百科全书〉青少年拓展阅读版》正是在这样的期待中应运而生的。本套丛书依据《中国大百科全书》（第一版）及《中国大百科全书》（第二版）内容编选，在强调知识内容权威准确的同时力图实现服务的分众化，为青少年拓展阅读提供一套真正的校园版百科全书。丛书首先参照学校教育中的学科划分确定知识领域，然后在各类知识领域中梳理不同知识脉络作为分册依据，使各册的条目更紧密地结合学校

课程与考纲的设置，并侧重编选对于青少年来说更为基础性和实用性的条目。同时，在条目中插入便于理解的图片资料，增加阅读的丰富性与趣味性；封面装帧也尽量避免传统百科全书"高大上"的严肃面孔，设计更为青少年所喜爱的阅读风格，为百科知识向未来新人的分享与传递创造更多的条件。

百科全书是蔚为壮观、意义深远的国家知识工程，其不仅要体现当代中国学术积累的厚度与知识创新的前沿，更要做好为未来中国培育人才、启迪智慧、普及科学、传承文化、弘扬精神的工作。《〈中国大百科全书〉青少年拓展阅读版》愿做从百科全书大海中取水育苗的"知识搬运工"，为中国少年睿智卓识的迸发尽心竭力。

本书编委会

2019 年 9 月

目　录

鲁班

中国古代建筑工程家，被建筑工匠尊为祖师。姓公输名般，或称公输班、鲁般、公输盘、公输子和班输等，春秋时期鲁国人，因称鲁班。《汉书·古今人表》中列在孔子之后、墨子之前。《墨子》载公输盘"为楚造云梯之械"，能"削木以为鹊，成而飞之"。鲁班的名字散见于先秦诸子的论述中，被誉为"鲁之巧人"。王充《论衡》说他能造木人木马。

唐代以后，民间关于鲁班的传说更加普遍，其内容大致有：关于主持兴建具有高度技术性的重大工程；关于热心帮助建筑工匠解决技术难题；关于改革和发明生产工具；关于雕刻等。种种传说虽大部分无史实依据，但都歌颂了以鲁班为代表的中国古代工匠和匠师的勤劳、智慧和助人为乐的美德。

李冰

中国战国时期水利专家，生卒年不详。秦昭王灭周后（公元前256—前251）李冰曾任蜀守，主要功绩是在岷江流域兴办了以都江堰为代表的许多除水害、兴水利的工程。都江堰以完美巧妙的布局和设计，2000多年来一直发挥着灌溉、防洪、水运等多种功效，是世界上历史最长、迄今一直在正常运行的无坝取水工程。

据《华阳国志》记载，李冰还曾倡导和主持了以下工程：①凿南安（今乐山）岷江与沫水（今大渡河）交汇处的溷崖（《史记·河渠书》称为离堆），整治水道，并凿平南安江中的雷垱滩和盐溉滩。②在岷江外江水系中分别疏导羊摩江和灌江。③疏通临邛（今邛崃）文井江，下流到武阳（今彭山东）天社山下会岷江。④积薪烧烤僰道（今宜宾）岷江中石滩，利用热胀冷缩，促使岩石爆裂，以利开凿。⑤疏导洛通山洛水（今石亭江）经什邡，下流会新都大渡（今金堂

李冰石像

境内）；又有绵水（今贡水）经绵竹入洛水，东流过资中（今内江），皆灌溉稻田。⑥确立成都近郊防洪地段和沟通水道，穿石犀溪于江南，又在西南两江造桥7座。⑦在广都盐井（在今龙泉山地区）穿凿陂池。关于李冰治水的神话传说，东汉以来不断有所增附，唐代导江县（今都江堰市）已建李冰祠。1974年，在灌县（今都江堰市）岷江（外江），发掘出一尊东汉建宁元年（168）雕刻的李冰石像。

赵 过

中国汉代农业革新家。生卒年不详。汉武帝末年任搜粟都尉。任期内总结和推广了代田法，并进行农具革新，促进了当时旱作地区的农业生产。所谓代田法，即在田里每隔汉尺一尺，开一条宽、深各一尺的沟，形成高垄低沟相互间隔。在春旱多风情况下，将种子播在沟内，以保证出苗。出苗后结合除草、松土，逐次将垄上的土壅在根部。到夏天，垄平则根更深，作物生长健壮，得以增产。到第二年，调换垄和沟的位置。采用代田法，有利于抗旱保墒，休养地力，"用力少而得谷多"。因而当时在今河南、山西、陕西和甘肃西北部等地区得到普遍推广。赵过还改革和创制了"耕耘下种"的农耕器具，制作出三脚耧；他采用了二牛三人的"耦犁"，即两牛合犋，共曳一犁，一人牵牛，一人压辕，一人扶犁耕地，提高了劳动生产率。

石申

中国战国时代魏国天文学家，又名石申夫。据南朝时代梁阮孝绪的《七录》说，石申著《天文》八卷。这大概是石申著作的本名。大约在西汉以后才被尊称为《石氏星经》。《史记·天官书》《汉书·天文志》等汉代史籍中引有该书的零星片断，内容涉及五星运动、交食和恒星等许多方面。汉、魏以后，石氏学派续有著述。他们的书都冠有"石氏"字样，如《石氏星经簿赞》等。《石氏星经》原著和石氏学派其他著作都已失传。不过，在唐《开元占经》中有大量节录。其中最重要的是标有"石氏曰"的121颗

恒星的坐标位置（今本《开元占经》中佚失6个星官的记载）。计算表明，其中一部分坐标值（如石氏中、外星官的去极度和黄道内、外度等）可能是汉代所测。另一部分（如二十八宿距度等）则确与公元前4世纪即石申的时代相合。自三国时代吴太史令陈卓总合石氏、甘氏、巫咸三家星官成283官、1464星的星座体系后，出现了综合三家星官的占星著作，其中一种称为《星经》或《通占大象历星经》。这部书后来被人伪托为"汉甘公、石申著"。因此，自宋以后又称它《甘石星经》。但该书中有唐代的地名，而且有巫咸这一家的星官。因此，它与战国、两汉时代所流传的《石氏星经》完全是两回事。

蔡 伦

中国古代造纸术的重大改革者。字敬仲，东汉桂阳（郡治在今湖南郴州）人。章帝建初年间入宫为小黄门，和帝时为中常侍，后加位尚方令。永元九年（公元97）

监作秘剑及诸器械。元兴元年（105）用树皮、麻头、破布、旧渔网为原料造纸。安帝元初元年（114）封为龙亭侯。建光元年（121）因宫廷斗争被迫服毒自尽。

蔡伦去世后30年，刘珍等编的《东观汉记》，南朝宋范晔编撰的《后汉书·蔡伦传》，对蔡伦造纸的原料和工艺均有记载。称蔡伦"造意用树肤、麻头及敝布渔网以为纸，元兴元年奏上之，帝善其能，自是莫不从用焉，故天下咸称'蔡侯纸'"。汉末董巴《舆服志》、西晋张华《博物志》对蔡伦造纸方法的记载是"蔡伦始捣故渔网以作纸"，"蔡伦以故布剉捣作纸"。

过去文献将蔡伦定为造纸术发明人。近百年来，在甘肃、陕西等地多处发现西汉纸实物，最早者为公元前2世纪的纸。因此认为，蔡伦是吸纳了前人的经验，

对造纸工艺作了改革，扩大了造纸原料，并以沤、剉、捣、抄一套工艺技术，造出了达到书写实用水平的植物纤维纸，在造纸史上有重大贡献。古代文献对蔡伦造纸多有记载，使造纸技术得以流传和发展，并传播到世界各地，成为人类历史上的重大发明。

张　衡

中国东汉科学家、文学家、思想家，字平子，南阳西鄂（今河南南阳石桥镇）人。17岁时，离开家乡，到西汉故都长安及其附近地区考察历史古迹，调查民情风俗和社会经济情况。后来，又到首都洛阳参观太学，求师访友。汉和帝永元十二年（100）回到南阳，担任南阳太守鲍德的主簿。在此期间写了《东京赋》和《西京赋》（合称《二京赋》），一直流传到今天。安帝永初二年（108）鲍德调离南阳后，张衡去职留在家乡，继续钻研哲学、数学、天文，积累了不少知识，声誉大震。永初五年（111）他再次到京城，担任郎中与尚书侍郎。元初二年（115）起，曾两度担任太史令，前后共14年，在天文学上取得卓越的成就。他还曾任侍中、河间相等职。

浑天说的代表　汉朝的时候，关于宇宙结构的理论，主要有三个学派，即盖天说、浑天说和宣夜说。张衡是浑天说的代表人物，在《浑天仪·图注》中，他指出天好像一个鸡蛋壳，地好比鸡蛋黄，天大地小；天地各乘气而立，载水而浮。这个看法虽然也是属于地心体系的范畴，但是在当时却有进步之处：第一，张衡虽然认为天有一个硬壳，但并不认为硬壳是宇宙的边界，硬壳之外的宇宙在空间和时间上都是无限的。第二，张衡在《灵宪》这篇著作中，力图解答天、地的起源和演化问题，具有朴素的、变化发展的辩证思想因素。他认为天地未分以前，混混沌沌；既分以后，轻者上升为天，重者凝结为地。天为阳气，地为阴气，二气互相作用，创造万物。由地溢出之气为星。第三，张衡用"近天则迟，远天则速"，即用距离变化来解释行星运行的快慢。近代科学证明，张衡的解释有合理的因素。

制造仪器和观测 张衡不但注意理论研究，而且注重实践，他曾亲自设计和制造了漏水转浑天仪、候风地动仪。浑天仪相当于现在的天球仪，原是西汉时耿寿昌发明的，张衡对其改进，用作浑天说的演示仪器。他用齿轮系统把浑象和计时漏壶联系起来，漏壶滴水推动浑象均匀地旋转，一天刚好转一周。这样，人在屋子里看浑象，就可知道哪颗星当时在什么位置上。候风地动仪制成于顺帝阳嘉元年（132），是世界上第一架测验地震的仪器。顺帝永和三年（138），候风地动仪成功地监测到陇西发生的一次地

震，可见其灵敏有效。张衡还曾制造过记里鼓车、指南车和能够在空中展翅飞翔的木雕等奇巧器物。

张衡对许多具体的天象作了观察和分析。他统计出中原地区能看到的星数约2500颗。他基本上掌握了月食的原理。他测出太阳和月亮的角直径是周天的1/736，即29′24″，同太阳和月亮的平均角直径31′59″.26和31′5″.2相差不多。张衡认为，早晚和中午的太阳，其大小是一样的，看起来早晚大，中午小，只是一种光学作用。早晚观测者所处的环境比较暗，由暗视明就显得大；中午时天地同明，看天上的太阳就显得小。好比一团火，夜里看就大，白天看就小。张衡的这种解释是有道理的，但不很全面。到了晋代，束皙作了比较完善的解释。

反图谶的斗争　在中国天文学发展的过程中，具有实用意义的历法占着重要地位，而围绕着历法进行的一些斗争，又往往是和政治、思想斗争联系在一起的。安帝延光二年（123），围绕当时行用的《四分历》，展开论战。梁丰、刘恺等80余人认为《四分历》不合图谶，应该恢复西汉时期的《太初历》。另一方面，李泓等40余人主张继续使用《四分历》，理由是《四分历》就是根据图谶来的，最为正确。张衡则认为，这两派的意见都是错误的，历法的改革与否，不应以是否合乎图谶为标准，而应以天文观测的结果为依据。他和周兴观测的结果，认为九道法最为精密。经过激烈辩论，九道法虽没有被采用，但企图用图谶之学来附会历法的做法也归于失败。这是中国天文学史上唯物论对唯心论斗争的一次胜利。张衡于顺帝阳嘉元年（132）进一步揭露太学考试的各种弊病时，又极力反对把图谶作为太学考试的内容。第二年他冒遭杀身之祸的危险，进一步提出禁绝所有图谶之书的要求。

著作 据《后汉书·张衡列传》记载，共留下科学、哲学、文学方面的著作32篇。著有数学著作《算罔论》，惜已失传。在列传中全文收进去的有两篇，即《应闲赋》和《思玄赋》。这两篇赋真实反映了张衡的思想境界。前者表明他的为人和治学态度，后者则是一篇难得的人类到星际旅行的畅想曲。他是东汉时期有名的文学家，他的《二京赋》以结构宏阔著称，把辞赋的铺张、富丽的特点表现得淋漓尽致，其规讽和议论深刻切直，一改汉赋欲讽反谀的缺欠。他的《归田赋》是一篇抒情小赋，对魏晋抒情赋的发展产生重大影响。他的《四愁诗》对后世七言诗的形成起了重大的作用。

1956年，郭沫若为张衡题碑文："如此全面发展之人物，在世界史中亦所罕见。万祀千龄，令人景仰。"

郑 玄

中国东汉经学家、训诂学家，字康成，北海高密（今山东高密）人，《后汉书》卷35有传。世称"后郑"，以别于郑兴、郑众父子。玄少为乡啬夫，掌听讼，收赋税。后入太学受业，通习经传。又西入关从扶风马融问学。游学十余年，40岁后始归乡里。因党锢之

华佗

中国东汉末年医学家，以发明全身麻醉的"麻沸散"、擅长外科手术和设计体育医疗的五禽戏而著称于世。字元化，沛国谯（今安徽亳州）人，卒于许昌。本为士人，早年游学徐州，兼通数经，晓养性之术。太尉黄琬等人曾两次辟其为官，皆不就，年百岁犹有壮容。曹操积苦头眩，闻佗医技精良，召其常侍左右，以针灸治疗，随手而愈。但他性情孤傲，又去家思归，以妻疾为托，归家至期不返，累召不应，为曹操所杀。临死，曾出书稿一卷与狱吏，吏惧而不敢受，乃以火烧之，未能传世。后世《中藏

祸被禁，潜心往业，杜门不出，从学者多至数百千人。经14年，始蒙赦令。平生著述甚富，长于古文经，有《周易》《尚书》《毛诗》《仪礼》《礼记》《论语》等书注，成为汉代经学之集大成者。称"郑学"。为学者所宗仰，传习不废。郑玄注经不专注一家，笺《诗》注《礼》，务求允当。尤精于名物训诂。心知经书中文字有假借，往往取本字解释，疑难之处涣然冰释。清人重"汉学"，与许慎并称为"许郑"。

经》为托名之作。

华佗精于方药，医学造诣甚深，医疗涉及面很广，传世治疗案例即包括现在的传染病、寄生虫病、妇产科病、小儿科病、呼吸器官病及皮肤病等，尤其在全身麻醉和外科手术方面有相当成就。对于病在腹中、针药所不能及者，便先令病人饮"麻沸散"，使之如醉而无知觉，再剖腹去其病患，缝合后敷以膏药，四五日痊愈，一月后平复。又主张积极的体育锻炼，创"五禽之戏"，即模仿虎、鹿、熊、猿、鸟5种动物的动作，以活动筋骨、疏通气血、增强体质、防治疾病。传说人有不适，作一禽之戏即舒。他医术精良，疗疾处剂用药不过数种，针灸取穴不过数处，沿用至今的还有其所创沿脊柱两旁夹骨施针之穴，现名为"华佗夹脊穴"。弟子有吴普、樊阿、李当之等。

中国东汉末年医学家，即张机，南阳郡涅阳（今河南南阳）人。少时学医于同郡张伯祖。东汉末，疾疫流行，大部分病死者主要病状都是伤寒发热，然后转至危殆，因此他勤求古训，博采众方，撰成《伤寒杂病论》。吸收《内经》《难经》《阴阳大论》《胎胪药录》及《平脉辨证》诸书精义，依据伤寒发热病整个起始发展变化过程以及病邪侵害脏腑经络程度，结合患者内在正气盛衰，总结伤寒发展规律和辨证施治法则，为中国古代医学开创了理论与临床实际相结合的典范。

《伤寒杂病论》包括"伤寒"

和"杂病"两部分内容。伤寒部分（《伤寒论》），按该病起始为发热的特征，分成六种证候类型，即三阳（太阳、少阳、阴阳）和三阴（太阴、少阴、厥阴），三阳表示热实，三阴表示寒虚。根据病邪侵入肌体程度、病势缓急，用四诊（望、闻、问、切），八纲（阴、阳、表、里、寒、热、虚、实），辨证施治确定病情。六经病症各有主治方，按汗、吐、下、和、温、清、补、消8种治法，结合《内经》有关正治、反治、异病同治、同病异治各种治则，共包括397法、113方。其中方剂如麻黄汤、桂枝汤、白虎汤、小柴胡汤等，方简意明，具有临床实际效果，便于学者掌握。

杂病部分（《金匮要略》）主要论述伤寒以外的各种内科疾患，如痉、湿、暍、中风、历节、血痹虚劳、肺痿、肺痈、咳嗽、胸痹、心痛、短气、腹满、寒疝、风寒积聚、痰饮、消渴、黄疸、惊悸、吐衄、呕、吐、哕、下利，以及一些外科疮痈、妇女妊娠和各种杂疗急救症治。这部分论述不以六经论治，而是根据病症按脏腑病机辨证治疗。各类杂病，均有主方。同时讲求药物配伍。一些方剂，除汤、散、丸外，还有酒、熏、洗滴等多种疗法。

张仲景还特别提出治疗"未病"的观点，即认为医生治病首先应从预防疾病出发；其次，也要懂得既病之后脏腑传变的关系。

《伤寒杂病论》撰成后，因战乱原稿散佚，后幸经晋代王叔和收集整理，改编成《伤寒论》《金匮玉函方》两书。讫于北宋中期，校正医书局复依据几种传本，重新整理成《伤寒论》《金匮玉函经》《金匮要略》3种书籍。

张仲景的著作对后世影响很

大，由宋迄今，注释和阐发各书奥义的医家很多。张仲景方被推为"众方之祖"，称为经方。张仲景被尊为"医圣"。

外国，如日本，对于张仲景研究也很深入，论著颇多。特别是19世纪时，日本先后发现康平三年（1060）侍医丹波雅忠抄录的《伤寒论》卷子本，以及康治二年（1143）沙门了纯依据唐人写本所抄录的《伤寒论》。两书原本均较北宋校正医书局校订的《伤寒论》时间为早，内容也有许多不同，对考订《伤寒论》原文具有重要参考价值。

《隋书·经籍志》记载：《张仲景方》15卷、《张仲景评病要方》1卷、《张仲景疗妇人方》2卷，均佚。

王叔和

西晋医学家，名熙，以字行。高平（今山东济宁东南）人。生卒年不详。官太医令。他对祖国医学所做的贡献，主要表现在撰著《脉经》和整理张仲景著作两方面。

《脉经》为现存最早的脉学专著，共十卷九十八篇。书中"撰集岐伯以来逮于华佗经论要诀"，分类引录大量《内经》《难经》《伤寒论》《金匮要略》原文及扁鹊与华佗的论述，详析脉理，陈述脉法，细辨脉象，明其主病。他首次系统描述了临床常见的二十四种病脉（浮、芤、洪、滑、数、促、弦、紧、沉、伏、革、实、微、涩、细、软、弱、虚、散、缓、迟、结、代、动）的体象，根据不同的脉象判断疾病的种类。并明确地在手腕桡侧动脉（寸口脉）诊候处规定了寸、关、尺的三部分法，将古代诊候此脉仅以"查胃气之有无"，"以决死生"的说法，发展成以局部候全身的寸口脉理论体系。王叔和集西晋以前脉学之大成，形成诊断学中独立的一个分支，促进了后世脉学的研究和发展。

王叔和将张仲景的《伤寒杂病论》16卷整理编次，成为现存的《伤寒论》和《金匮要略》两书。后人对其整理张仲景的著作有两种完全不同的说法。一种认为他是搜采三国兵燹之余的断简残篇，将散落的仲景旧论"撰次成叙，得为完帙"。因此宋人林亿认为"仲景之书，及今八百余年，不坠于地者，皆其力也"；金人成无己说："若非叔和撰集，不能延至于今，功莫大矣"。另一种意见则认为他在编撰过程中，将个人见解"混于仲景所言之中，又以杂脉杂病纷纭并载于卷首，故使玉石不分，主客相乱"，还有人指责其为"碎剪美锦，缀以败絮，明是贾人居奇之术"，两种观点至今并存，未见统一。

裴秀

中国西晋大臣、舆地学家，字季彦，河东闻喜（今属山西）人。祖裴茂、父裴潜都官至魏尚书令。秀自幼好学，年长从政，官至司空，职在"地官"，掌握全国的土地、人口和地图等情况。

在实践中，感到古代山川地名因时间久远，变化很大，人们所论不尽正确，于是收集史料，进行研究，约在268—271年完成由他主编的《禹贡地域图》18篇。它是中国目前有文献可考的最早历史地图集。裴秀还曾撰著《冀州记》；把一幅用绢80匹绘成的"旧天下大图"，缩制为比例尺"以一分为十里，一寸为百里"比例尺约为1∶1 800 000的《地形方丈图》。惜图均已失传。

总结前人的制图经验，在《禹贡地域图序》中提出绘制地图的6项原则，即制图六体，为中国传统地图（平面测量绘制的地图）奠定了理论基础。制图六体是：一曰分率（比例尺），用于测定地区的大小；二曰准望（方向），用于确定各地物的方位；三曰道里（道路的里程），用于确定人行道路的里程数；四曰高下

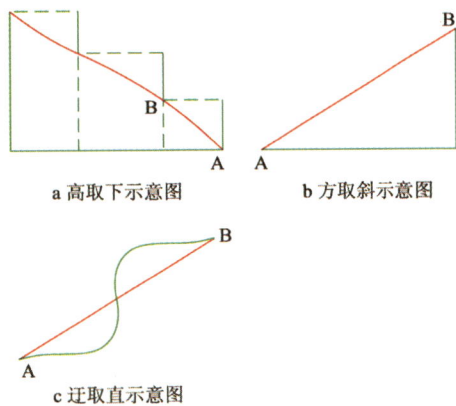

a 高取下示意图　　b 方取斜示意图

c 迁取直示意图

制图六体示意图

（高取下，取下为水平直线距离，如图 a 中 AB）；五曰方邪（方取斜，取斜为直线距离，如图 b 中 AB）；六曰迂直（迂取直，取直为直线距离，如图 c 中 AB）。这6项原则，主要说明绘制地图必须制定比例尺和测出地物之间的方向，并求得地物间的水平直线距离。这些原则归纳起来就是现代地图学所论述的比例尺、方向和距离3个要素。这是中国早期的制图理论，支配中国地图制图1000多年，在中国和世界地图学史上占有重要地位。

祖冲之

中国南北朝宋、齐科学家，字文远，原籍范阳郡遒县（今河北涞水）。父、祖均仕南朝。冲之少稽古，有机思，专攻数术。青年时入华林学省（学术机关），后任南徐州（今江苏镇江）从事史、娄

县（今江苏昆山）令。入齐，官至长水校尉。注《九章算术》，撰《缀术》，均亡佚。他特善算，推算出圆周率相当于在 3.141 592 6 与 3.141 592 7 之间，并提出其密率，

$$\frac{355}{113}$$

均领先世界约千年。制定《大明历》，首先引入岁差，改变 19 年 7 闰的旧闰周为 391 年 144 闰，其日月运行周期的数据比以前的历法更为准确。撰《驳议》，认为天象"有形可检，有数可验"。不畏权贵，坚持科学真理，反对"虚推古人"。表示"浮辞虚贬，窃非所惧"。祖冲之博学多艺，曾改造指南车、水碓磨、千里船、木牛流马、欹器、漏壶，解钟律、博、塞，当时独绝。他曾注《周易》《老子》《庄子》，释《论语》，

撰《安边论》，均亡佚。又撰《述异记》，今有辑本。

陶弘景

中国南朝齐梁时医药学家、道教思想家、炼丹家、书法家，字通明，自号华阳隐居，后世又称"陶隐居"，又号胜力菩萨或云陶胜力。丹阳秣陵（今江苏省南京）人。著述甚丰，其中《本草经集注》对中国本草学著作影响巨大。未及弱冠即为诸王侍读，善琴、棋，工草、隶书。仕齐，拜左卫殿中将军。后隐居于句容（今江苏境内）茅山，梁武帝礼聘不出，但参与朝中大事咨询，人称"山中宰相"，卒谥贞白先生。

其思想脱胎于老庄哲学及葛洪神仙道教，兼杂有儒、佛之说，于医药、炼丹、天文、历算、地理均有造诣。

陶弘景有感于当时本草学著作的混乱情况，参考《神农本草经》和《名医别录》，著成《本草经集注》（原书已佚，现存有敦煌卷子残本）。该书成就主要在于按统一体例整编了当时流传的各种《神农本草经》，选定药物365种，以成定本，并增补《名医别录》药物365种；首次按药物的自然属性分类，较《神农本草经》上、中、下三品分类有突破性意义的进步，一直影响后世本草学著作；书中还首创"诸病通用药""七情表"，依药物的治疗性能分类，有利于临床实用；描述药物形态和确定药物产地，成为早期本草最富新意的内容，对确定药材品种、保证用药安全有重要意义，并成为后世本草学著作一大内容。对辑录的《神农本草经》和《名医别录》内容采用朱墨分书、个人见解小字夹注的出处标注体例，使全书内容源流清晰，这一优良传统一直被后世沿袭。但陶弘景身为道家，故书中多录方士、神仙之言，讲究服石、辟谷等。因身囿江南，故对北方所产药物的记载有一些错误。又鉴于葛洪《肘后救卒方》（又称《肘后备急方》，简称《肘后方》）阙漏未尽，增订成《补阙肘后百一方》（又称《肘后百一方》）。

陶弘景对道教仪典有深入研究，又曾长期从事炼丹实验，从中掌握了许多化学知识，他对化学的贡献之一是记载了硝酸钾的火焰分析法，为世界化学史上钾盐鉴定的最早记录。

陶弘景著有《养性延命录》《陶氏效验方》《太清草木集要》《太清诸丹集要》《炼化杂术》《合丹节度》《药总诀》《服饵方》等书多种，均佚。后有称原本为敦煌卷子的《辅行诀脏腑用药法要》，亦题名为陶弘景所撰。

陶弘景工草隶，尤擅长行书，师法钟繇、王羲之，采其气骨，形成自己的风格。传世书迹有《屈画帖》。焦山《瘗鹤铭》亦传为他所书。著有《与梁武帝论书启》，系与梁武帝论书法的信札。

郦道元

中国北魏地理学家。字善长。范阳涿县（今河北涿州）人。生于仕宦家庭，北魏太和十八年（494）出任尚书郎，以后历任颍川太守、东荆州刺史、御史中尉等职，孝昌三年（527）任关右大使时，在阴盘驿（今陕西西安市临潼区附近）为雍州刺史萧宝寅杀害。曾随孝文帝巡视北方各地，借职官之便历游黄淮地区。一生勤于读书和著述。《魏书》本传："道元好学，历览奇书。撰注《水经》40卷，《本志》13篇，又为《七聘》及诸文，皆行于世。"但除《水经注》外，其余著作都已亡佚。

《水经注》是郦道元为《水经》所作的注文。《水经》全书1万余字，《唐六典·注》说其"引天下之水，百三十七"。《水经》作者不详，撰述年代说法不一。《四库全书提要》认为："推文寻句，大概三国时。"以后多数学者同意这种说法。

《水经注》40卷，全文超过《水经》20余倍。《唐六典》说引其枝流"一千二百五十二"，涉及的河流近于《水经》的10倍。《水经注》以河川为纲，综合记述流经地区的山陵、湖泊、气候、水文、土壤、植被、郡县、城池、关塞、名胜、亭障和社会经济、民风习俗等内容，还收有大量沿革地理和地名的资料。《水经注》描述的地域范围，大体上是西汉王朝的辖境，部分涉及域外，例如南亚的印度河和恒河流域、中南半岛以及朝鲜半岛南部。为撰写《水经注》，郦道元搜集了大量资料，在注文中指名引用的文献达470余种，金石碑刻达350余种，另有大量未指明来源的地图、方志、歌谣、谚语等。他所引用的文献、碑刻等大部分已亡佚，由于他的引用方保存至今。郦道元十分重视实地考察，每到一处便"访渎搜渠"，观察水道分布、水利设施及其流经地区的自然和人文地理现象，全书许多卷篇中

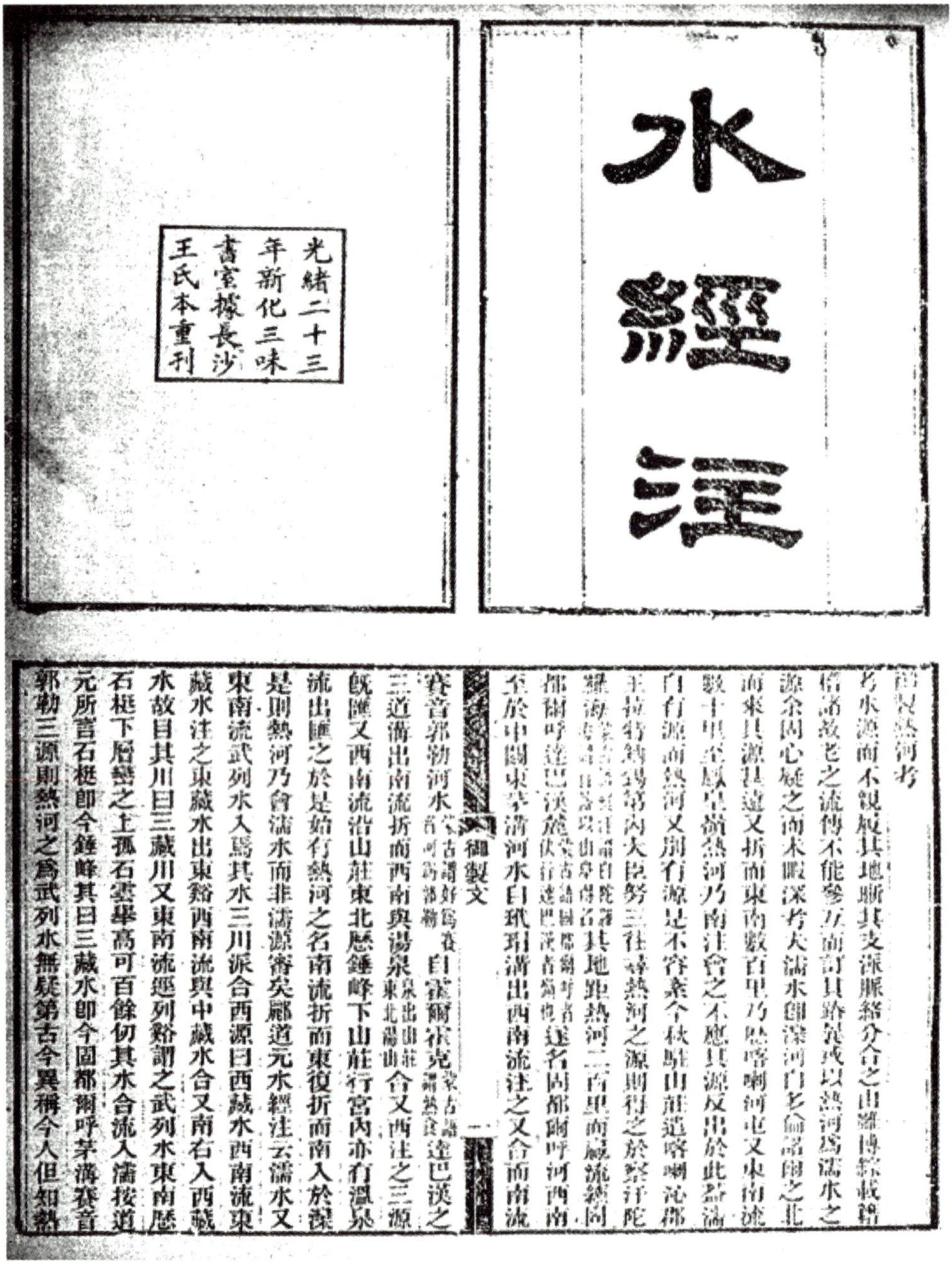

水經注

光緒二十三年新化三味書室據長沙王氏本重刊

御製熱河考

考水源而不親履其地斷其支派脈絡分合之由雖博綜載籍諮諸故老之流傳不能參互而訂其訛舛以熱河爲濡水之源余因心疑之而未暇深考夫濡水即灤河自多倫諾爾之北南來其源甚遠又折而東南數百里乃經喀喇河屯又東南流數十里至廣仁嶺熱河乃南注合之不應其源反出於此蓋濡自有源而熱河又別有源是不容紊今秋駐山莊遣喀喇沁郡王拉特納錫第內大臣努三往尋熱河之源則得之於[illegible]陀羅海[illegible]其地距熱河二百里而遙流繞圍都爾呼達巴漢麓[illegible]逕名圖都爾呼河西南至於中關東茅溝河水曰碩瑚溝出西南流注之又合而南流賽音郭勒河水[illegible]自崖爾崇克[illegible]達巴漢之三道溝出南流折而西南與湯泉[illegible]合又西注之三源既匯又西南流沿山莊東北歷錘峰下山莊行宮內亦有溫泉流出匯之於是始有熱河之名南流折而東復折而南入於灤是則熱河乃會濡水而非濡源審矣酈道元水經注云濡水又東南流武列水入焉其水三川派合西源曰西藏水西南流東藏水注之東藏水出東谿西南流與中藏水合又南右入西藏水故目其川曰三藏川又東南流逕列谿謂之武列水東南歷石梃下層巒之上孤石雲舉高可百餘仞其水合流入濡按道元所言石梃即今錘峰其曰三藏水即今圖都爾呼茅溝賽音郭勒三源則熱河之爲武列水無疑第古今異稱今人但知熱

御製文 一

《水经注》（1897 年新化三味书室据长沙王氏本重刊）

有他野外考察的成果。在注文中，他纠正了《水经》的许多错误，并指出文献引用处的正误。对于书本上和实际调查中未能弄清楚的问题，采取谨慎态度，表示"未知所知"等。由于当时南北分裂，郦道元的足迹未能到达南方，因此涉及此部分的注文不免简略，时有差错。《水经注》文学特色明显，语言简洁，文笔绚烂，不少篇章是游记体散文。它成书于515—527年之间。《隋书·经籍志》《新唐书·艺文志》著录此书均作40卷，说明此书当时仍还完整。北宋初存35卷，已佚5卷。今本40卷，是后人按原卷数拆凑的。

《水经注》是中国古代地理名著，亦是公元6世纪时处于世界前列水平的地理著作；同时在历史学、金石学、语言学、文学、地名学和科学史等方面也有很高的价值。它的成就和价值很早被人们所认识，历代对它的研究不衰，明清时形成一门专门学问——郦学。研究校释的多达数十家，其中以全祖望（1705—1755）的《全校水经注》（40卷）、赵一清（1711—1764）的《水经注释》（40卷）、戴震的《戴氏水经注》三书最负盛名。近人杨守敬在门人熊会贞帮忙下，集前人研究之大成，撰《水经注疏》。陈桥驿从地理学方面对《水经注》进行了系统研释。

孙思邈

中国唐代医学家，中医医德规范制定者，京兆华原（今陕西铜川市耀州区）人。一生精研医术，青年时期即行医于乡里，对待各类病人一视同仁，无论何时都有求必应、一心赴救。隋大业（605—618）年中，曾游学四川，并在该地炼丹，后隐于终南山，与沙门道宣律师交厚，著有道家炼丹方面的著作。后唐太宗、高宗曾多次招他任国学博士、谏议大夫等职，均谢绝，唯于咸亨四年（673）任承务郎直长尚药局，掌管合和御药及诊候方脉等事务，上元元年（674）因病辞退。当时名士宋令文、孟诜、卢照邻皆视他为师。

孙思邈在数十年临床实践中，深感古代医方的散乱浩繁和难以检索，因而博取群经、勤求古训，并结合自己的临床经验，编著成《千金要方》和《千金翼方》，反映了唐初医学的发展水平。

孙思邈在医学上的成就是多方面的。在伤寒学方面，他将《伤寒论》内容较完整地收集在《千金要方》中。他认为张仲景的《伤寒论》要旨"不过三种，一则桂枝，二则麻黄，三则青龙……"，并以此三方为纲要，将张仲景的六经辨证法改为按方剂主治及临床表现特点相结合的分类法。他总结妇、儿科成就，提出应各独立设科，对后世妇、儿科形成专科有促进作用。他提出的妇女孕期前后的注意事项与现代围产医学的内容有不少符合之处。他对婴儿生长的观察及护理方法亦富科学内容。在对疾病认识上，如对附骨疽（骨关节结核）的好发部位，消渴（糖尿病）与痈疽的关系，有关麻风、脚气、夜盲、甲状腺肿的描述和治疗等都有创见。还倡行葱管导尿术、食道异物剔除术以及自体血、脓接种以防治疖病的免疫法等。在养生延年方面，提倡按摩、导引、散步、轻微劳动及食治、讲求卫生等，为老年病防治留下了宝贵经验。

因孙思邈对医药的巨大贡献，后人尊称他为"药王"。清代时，孙氏故乡的五台山被改称药王山，并建庙塑像、树碑立传，以志纪念。

毕 昇

中国北宋刻版印刷工匠，中国古代活字版印刷术发明者。淮南路蕲州蕲水县直河乡（今属湖北英山）人。据同时代科学家沈括在所著《梦溪笔谈》卷18"技艺"中记述，北宋庆历年间（1041—1048）布衣（平民）毕昇发明活字版印刷。毕昇用胶泥刻字，每字一印，用火烧后使其为坚硬的活字。排版时先设一有框铁板，上面敷一层松脂蜡和纸灰的混合物，于铁板四周置一铁范，依铁范密排活字，当一版排满，将铁板在火上烘烤，使药稍熔后用一平板压字面，使活字牢固，全版字面平整，有利于印刷。如果要提高效率，可以设置两块铁板，轮换使用，当一版印完后，下一版已排好，即可不停地印刷。为满足排版的使用，常用字每字要刻制数个活字，最常用的如"之""也"等字，要刻制20多个活字。这些活字按韵的顺序存放在木格内。沈括还说，"若只印三二本未为简易，若印数十百千本，则极为神速"。由此可见，毕昇的发明，是一套完整的活字版工艺技术，是印刷术由费工费时的雕版印刷进入高效率的活字版印刷时代的标志，具有深远意义。《梦溪笔谈》是记载毕昇这一发明传世的唯一文献，毕昇的活字版技术广为传播。1989年5月，甘肃武威出土一册西夏文印本《维摩诘所说经》，据专家考证为12世纪中期泥活字印本。在俄藏黑水城文献中，也发现有几种同时期西夏文泥活字印本。这些印本距毕昇之后约百年，证明毕昇的发明很快就传到中国西部地区。清代道光年间安徽泾县人翟金生，用毕昇之法，自制五种大小不同字号的泥活字，并排印出《泥版试印初编》等书。由于活字版的优越性，从南宋起，有人不断改良活字材料，先后出现木活字、锡活字、铜活字。1450年，德国人J.谷登堡在吸收中国活字技术的基础上，首创铅、锡、锑三元合金活字。以后，这种技术又传遍世界。毕昇是举世公认的用活字印书的第一人。

贾思勰

贾思勰，生平不详，可能是齐郡（治所在今山东寿光）人，著有《齐民要术》，是中国东魏综合性农书。书名中的"齐民"，意指平民百姓，"要术"指谋生方法。从书的署名上知作者曾任高阳郡（治今山东淄博市临淄区北或河北高阳县东）太守。书约写成于公元6世纪30—40年代。他专心农事，除山东外，到过今山西、河南、河北省，"采捃经传，爰及歌谣，询之老成"，写成了这部百科全书式的农书。

全书共分10卷，92篇，约11万余字。在卷前有"杂说"1篇，一般认为是后人所加。前5卷包括粮食、油料、纤维、染料作物、蔬菜、果树、桑柘（附养蚕）等的栽培技术；第6卷为禽畜和鱼类的养殖；第7～9卷是农副产品的加工、储藏，包括酿造、腌藏、果品加工、烹饪、饼饵、饮浆、饴糖，旁及煮胶和制笔墨；第10卷以很大篇幅引载了有实用价值的热带、亚热带植物。书中引用近200种古代农书及杂著，使一些佚失的很有价值的著作如《氾胜之书》、《四民月令》及《陶朱公养鱼经》等得以部分地保存下来，使之成为继《氾胜之书》以后内容更为丰富的一部农书，也是研究南北朝时期物质生产和社会生活的重要资料。

全书要旨在于提倡奖励农耕，改良土壤，采用合理的耕作制度和方法，强调选种和改良品种以及掌握好天时地利等因素的重要性。不尚空谈，注重实践。在农

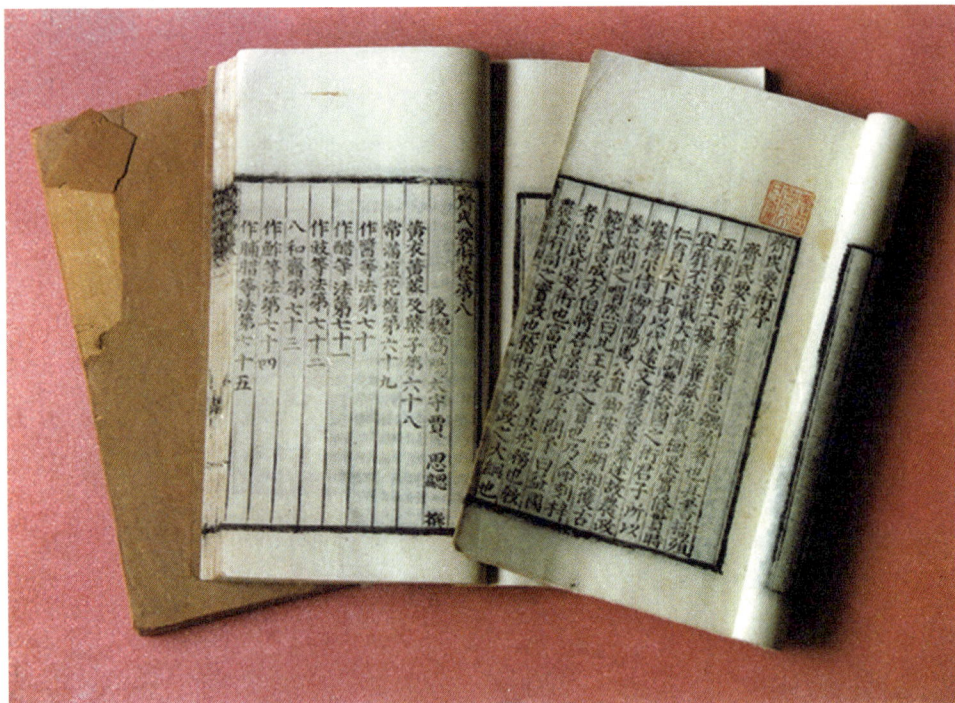

《齐民要术》书影

业生产方面，总结了按照不同的季节、气候和土壤特性来进行各类作物的布局、栽培和管理的经验，阐述了当时黄河流域的耕作方法，轮作制度，间套及混作措施；主张开辟肥源，栽植绿肥，旱地实行井灌，以及采取防治病虫害与霜冻等的技术措施；书中介绍了不少有关生物学的知识，多次提到植物遗传性和变异性的概念以及对植物的驯化与人工选择。杂交和定向培育等也都有所论述。在果树和用材木方面，总结了播种、扦插、压条、分株、嫁接等多种繁殖方法。这本书对大家畜的外形鉴定，禽畜的选种，育种和饲养管理，畜产品加工，也有重要的论述。书中还介绍了野生植物和南方植物的利用，第10卷可以说是现存最早的南方植物志。

《齐民要术》虽然写成于6世纪，但其卓越的科学内容，对后世的农业生产有着深远的影响，堪称世界农学史的光辉一页。早在唐末时已传入日本，至今日本还藏有北宋最早刊印的残本。近代以来，世界上已有多种译本出版，并有不少研究著作。注释本有石声汉的《齐民要术今释本》，缪启愉的《齐民要术校释》等。

沈 括

中国北宋官员、科学家、文学家，字存中，钱塘（今浙江杭州）人。至和元年（1054），以父荫入仕，任海州沭阳县（今属江苏）主簿，颇有政绩。嘉祐八年（1063）登进士第，次年迁任扬州司理参军。治平三年（1066）入京，任昭文馆校书郎，不久升为太史令。熙宁年间（1068—1077）王安石实行变法，沈括参与许多活动。熙宁四年（1071）迁太子允中、校正中书刑房公事。五年提举为司天监，其间起用盲人卫朴修订新历，制成新浑仪、浮漏，后修成《熙宁奉元历》，受到迁官嘉奖。同年九月，又奉命疏浚

汴河水道，用先进方法测量汴河地形。六年（1073）迁集贤校注，参与详定三司令敕；后出使两浙路，相度农田，募捐饥民，兴修水利，上言罢免诸种苛捐。七年（1074）迁任太常丞，后又迁右正言，兼任判军器监等重要职务。八年（1075）以翰林侍读学士身份奉命出使契丹，他据理力争，扼制了辽人扩张的野心，平息了边界纠纷。在出使途中绘记辽国山川形势、民俗风情，制成《使

房图抄》，上于朝廷。不久，受命权发遣三司使，主管中央财经；后迁任翰林学士、权三司使。十年（1077）王安石变法失败，沈括受劾贬官，以集贤院学士出知宣州（今安徽宣城）。元丰三年（1080）沈括再度受朝廷重用，知延州（今陕西延安）兼鄜延路经略安抚使，成为边防重臣。次年西夏太后梁氏专权，西夏朝政不稳，宋朝乘机发兵大举进攻，却遭失败，唯鄜延路军兵在沈括指挥下攻占西夏多处地方。为进一步遏制西夏，沈括等人向朝廷建议在横山一带修筑城堡的战略，为朝廷所采纳。五年（1082）八月，给事中徐禧在修建永乐城（今陕西米脂西北）时遭西夏兵围攻，全军覆没。沈括因此受责，改授均州（今湖北丹江口市）团练副使，迁随州（今属湖北）安置。元祐元年（1086），宋哲宗即

位行大赦令，沈括改授秀州（今浙江嘉兴）团练副使。次年，沈括完成于熙宁九年（1076）奉命编绘的天下郡县图，全图包括大小总图各一幅、分路图 18 幅，定名为《守令图》，进献朝廷；被封有名无衔的左朝散郎、守光禄少卿，准其任便居住。元祐三年（1088），沈括移居润州（今江苏镇江），筑"梦溪园"，隐居写作 8 年后逝世。

沈括资质聪颖，勤于思考，注重实学。《宋史·沈括传》说他"博学善文，于天文、方志、律历、音乐、医学、卜算无所不通，皆有所论著"，是位以博学著称的科学家。他一生著述甚丰，据《宋史·艺文志》所录有 22 种 155 卷，据统计则有 40 种（一说 35 种）。但大多散佚，如农学著作《梦溪笔谈忘怀录》（又称《梦溪忘怀录》）；流传至今有《梦溪笔谈》30 卷、《长兴集》19 卷，以及《苏沈良方》10 卷等。集其毕生研究精华的是著名的《梦溪笔谈》。

《梦溪笔谈》初名《笔谈》，为笔记体综合著作。全书 30 卷，含《梦溪笔谈》（正编）26 卷，《补笔谈》3 卷，《续笔谈》1 卷。分故事、辨证、乐律、象数、人事、官政、机智、艺文、书画、技艺、器用、神奇、异事、谬误、讥谑、杂志、药议 17 门，共 609 条。最早曾有南宋乾道两年本，现存最古本为中国国家图书馆藏元大德九年（1305）东山书院刻本，仅含正编。明刊稗海本始出正、补、续三编本。胡道静辑校原文和历来版本、研究文字，成《梦溪笔谈校证》一书，征引备全，考据精详，1962 年首印，内容涉及自然科学和社会科学，具有极高的科学价值，文学上亦很有价值。

《梦溪笔谈》对毕昇活字印刷术的记载

英国的中国科技史专家李约瑟认为它是"中国科学史上的里程碑"。为纪念沈括，1979年中国科学院紫金山天文台将1964年发现的编号为2027的小行星命名为"沈括星"。沈括主要成就如下：

天文历法　在任司天监工作期间，力主在实测日、月、五星行度的基础上改进历法，推荐和支持卫朴改历，于1074年修成《熙宁奉元历》（简称《奉元历》）。针对传统的阴阳合历在历日安排上的欠缺，编制并主张使用与农业关系密切的《十二气历》，即"十二气为一年"，以立春为一年之始，类似今太阳历。改进和重新设计浑仪、浮漏和景（影）表等天文仪器，写出《浑仪议》《漏浮议》《景表议》，使观测测量天体位置、时间与日影的精度得到提高。设计"窥管"，用其观察极星，正确提出北极不在天极，而是离天极"三度有余"。认为"月本无光"，"日耀之乃光耳"，并通过实验方法演示月亮的盈亏现象。发现太阳视运动有快有慢，指出冬至日、夏至日等时差现象。

数学　开创隙积术和会圆术数学研究新方向。隙积术是求解垛积，属于高阶等差级数问题，他创立一个正确的求解公式；会圆术是几何学中弓形面积计算法，他推导得出一个近似公式，都为后人进一步研究奠定基础。

物理学　磁学上，发现磁针"常微偏东，不全南也"的磁偏角现象，较西欧哥伦布在发现新大陆的大西洋航行中（1492）才发现这一磁现象要早400余年。光学上，作凹面镜成像实验，指出物在凹面镜的焦点之内得正像，在焦点上不成像，焦点之外则得倒像，得出较《墨经》更正确的结果。声学上，指出箭筒的集声效果；曾用纸人进行共振实验，证明弦线的基音和泛音的共振关系，这个实验比欧洲人早几个世纪。

地学　在浙东地区，看到"峭拔险怪、上耸千尺、穷崖巨谷"的雁荡山，明确地指出这是流水侵蚀作用造成的。在太行山麓，见到"山崖之间，往往衔螺蚌壳及石子如鸡卵者，横亘石壁如带"，正确地推断"此乃昔之海浜"，且是"浊泥所湮"而成。最先创用"石油"这个名称，并说"此物后必大行于世"。根据亲身观察，认为潮汐是随月亮的运行而变化的。除用12年时间编绘《守令图》外，还在制图方面，曾用木屑、面糊（后改用熔蜡）堆捏辽北地形，"写其山川道路"，制成立体地图；后又复制成木刻辽北立体地形地图。对天气变化

很有研究，能结合当地具体情况，成功地预报一些天气的变化。

农业、生物学　提倡兴修水利，在沭阳主持"疏筑百渠九堰"，著《圩田五说》；在疏通汴河河道中，采用先进的分段筑堰法等，实测沿河各段高低和地形，保证了工程的质量。

广泛地记载各地动植物，如南海的车渠、潮州的鳄、西北的枸杞、北方沙漠的跳鼠等，对各类海蛤作了仔细的区分，指明蒲芦为香蒲和芦苇、枳实和枳壳的区别；记有庆州（今甘肃庆阳、合水等地）用步行虫消除农业害虫的生物防治事例；以中国南北不同地区物候为例，说明植物生长与温度关系。

医药　批判地继承前人的成果，指出《神农本草》中存在的舛误、不正确的记载几十处；主张中药采制要因时因地制宜；用药要因人制宜，对症下药。著有《灵死方》（已佚）和《良方》。《良方》又称《苏沈良方》，与苏轼合著得名，10卷；原书已佚，现本为后人汇集；书中所载"秋石方"（卷六），记载世界上最早的荷尔蒙制剂制备方法。

工程技术　书中记录大量民间科学技术人物及其成就，如布衣毕昇发明的活字印刷术、民间匠师喻皓的《木经》、河工高超创造的三埽堵决、平民历算家卫朴等。这些在正史上是见不到的，留下了珍贵的科学技术史资料。

文学　著有诗文集《长兴集》，原书41卷，现存19卷。全书很有特色，其中一些记游写景作品都很新颖别致。《梦溪笔谈》文笔明快精当，语言形象简练，有较浓的文学意味；其中艺文门、书画门、乐律门等对文学艺术的论述、文字音韵的研究，都富有文学价值。

郭守敬

中国元代天文学家、数学家、水利专家和仪器制造家，字若思，顺德邢台（今属河北）人。郭守敬幼承祖父郭荣家学，攻研天文、算学、水利之学。后随忽必烈的谋臣刘秉忠读书，结识王恂。郭守敬 32 岁由刘秉忠的同学张文谦推荐而出仕元廷。他多次参加整治华北水利工程，参与修复西夏（今宁夏银川一带）水利工程，颇有贡献。至元十三年（1276）元世祖忽必烈攻下南宋首都临安，在统一前夕，命令制定新历法，由张文谦等主持成立新的治历机构太史局。太史局由王恂负责，郭守敬辅助。在学术上则王恂主推算，郭守敬主制仪象和观测。至元十五年（1278）太史局改称太史院，王恂任太史令，郭守敬为同知太史院事，建立天文台。当时，有许衡、杨恭懿等来参与共事。经过 4 年努力，终于在至元十七年（1280）编出新历，经忽必烈定名为《授时历》。

《授时历》是中国古代一部很精良的历法。王恂、郭守敬等人曾研究分析汉代以来的 40 多家历法，吸取各历之长，力主制历应"明历之理"（王恂）和"历之本在于测验，而测验之器莫先仪表"（郭守敬），采取理论与实践相结合的科学态度，取得许多重要成就。

①创制多种天文仪器。郭守敬为修历而设计和监制的新仪器

有：简仪、高表、候极仪、浑天象、玲珑仪、仰仪、立运仪、证理仪、景符、窥几、日月食仪以及星晷定时仪共12种（史书记载称13种，有的研究者认为还有一种为赤道式日晷）。另外，他还制作了适合携带的仪器4种：正方案、丸表、悬正仪和座正仪。这些仪器中最重要的是简仪和高表。

②进行大规模的天体测量。除了对日、月、五星的运动进行系统、详细的测量之外，郭守敬主持27个地方的日影测量、北极出地高度和二分二至日昼夜时刻的测定。除一些重要城市外，还特别规定从北纬15°的南海起，每隔10°设点，到65°地方为止。除个别有疑问的地点外，北极出地高度的平均误差只有0.35°。另外，对全天业已命名计数和尚未命名的恒星也作了一次比较全面的位置测定。

③推算精确的回归年长度。在大都（今北京），通过三年半约200次的晷影测量，郭守敬定出至元十四年到十七年（1277—1280）十分精确的冬至时刻。他又结合历史上的可靠资料加以归算，得出一回归年的长度为365.2425日。这个值同现今世界上通用的公历值一样。

元代天文学家郭守敬画像

④废除沿用已久的上元积年、日法。中国古历,自西汉刘歆作三统历以来,绝大多数历法利用上元积年和日法进行计算。唐、宋时,曹士芿等试作改变。《授时历》则完全废除了上元积年,采用至元十七年（1280）的冬至时刻作为计算的出发点,以至元十八年（1281）为"元",即开始之年。所用的数据,个位数以下一律以 10 000 为分母,即用十进位的小数制,取消日法的分数表达方式。

⑤发展宋、元时代的数学方法。王恂和郭守敬创立招差术,用 3 次差内插法计算日、月、五星的运动和位置。在黄赤道差和黄赤道内外度等的计算中,又创用弧矢割圆术,即近似球面三角学的方法。

《授时历》完成后,王恂与郭守敬着手整理观测资料,编制各种数据用表。至元十八年（1281）,王恂去世,郭守敬继任太史令,并主持这项工作。他所编述的天文历法著作,有《推步》7 卷、《立成》2 卷、《历议拟稿》3 卷、《转神选择》2 卷、《上中下三历注式》12 卷、《时候笺注》2 卷、《修改源流》《仪象法式》2 卷、《二至晷景考》20 卷、《五星细行考》50 卷、《古今交食考》、《新测二十八宿杂座诸星入宿去极》、《新测无名诸星》和《月离考》。现存《元史》和《高丽史》中的《授时历经》,大抵即为上述的《推步》。

晚年,郭守敬致力于河工水利,兼任都水监。至元二十八至三十年（1291—1293）,他提出并完成了自大都到通州的运河,即通惠河工程。他巧妙地汇集、导引从昌平白浮村到西山一线的泉水溪流,解决了水源问题,又设

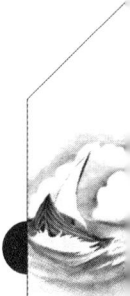

置坝闸，令漕船顺利地自通州拾级而上，直抵积水潭。至元三十一年（1294），郭守敬升任昭文馆大学士兼知太史院事。此后，他在天文仪器，特别是在计时仪器的制造方面，又连创佳绩，制成大明殿灯漏、柜香漏、屏风香漏、行漏等。

黄道婆

中国元代棉纺织技术革新家，宋末元初松江乌泥泾（今上海市徐汇区华泾镇东湾村）人，早年流落到崖州（今海南三亚西北）。元元贞年间（1295—1296），黄道婆自崖州回到故乡，把在崖州学到的纺织技术，改革成一套扞、弹、纺、织工具：去子用搅车、弹棉用椎弓，纺纱用三锭脚踏纺车，同时纺三根纱，大大提高了纺纱功效。在织造方面她用一套错纱、配色、综线、絜花等工艺技术，织制出有名的乌泥泾被。她的棉纺织技术传遍江浙一带。松江曾一度成为全国棉纺织业中心。当地人民为纪念她在棉纺织方面的贡献，在她死后曾立祠奉祀，元顺帝至元三年（1337）建立祠院，1362年重建。1957年在东湾村修建墓园，立碑纪念。上海南市区（已并入黄浦区）曾有先棉祠，建黄道婆禅院。上海豫园内有清咸丰时作为布业公所的跋织亭，供奉黄道婆为始祖。亭内有叙述木棉播种以至上浆织造木刻16幅，保存了清末手工棉纺织技术的形象史料。

王 祯

中国元代农学家，木活字版工艺技术改革者，字伯善，山东东平人，生卒年不可考。元贞元年至大德四年（1295—1300）先后任宣州旌德（今属安徽）、信州永丰（今江西吉安）县尹。对农桑、六谷和农器均有精深研究，倡植桑、棉、麻等经济作物，主持兴修水利，教民种树和改良农具。撰《农书》。为筹备排印《农书》，他自己设计，雇工刻制木活字，造轮转排字盘，两年而成，共刻制活字3万余枚。大德二年（1298）他主持编修的《大德旌德县志》排印成功。同年，将自己改革木活字版技术工艺的经验，详细撰写成《造活字印书法》一文，附于《农书》之末，推广这一工艺技术。这是印刷史上全面、系统地介绍木活字版技术工艺的重要文献。文章内容包括：印刷简史、活字刻修法、活字规格、转轮排字盘、作盔嵌字法、按韵检字法、刷印法等。他设计的转轮排字架，按汉字音韵顺序存放，可坐式拣字、还字，推动转轮，以字就人，大大提高了排字效率。由此，自14世纪初始，木活字排版印刷逐渐盛行于安徽、浙江一带，成为中国印刷史上仅次于雕版印刷的重要印刷术。清乾隆三十八年（1773），武英殿在金简主持下，依王祯法造木活字25万枚，排印成《武英殿聚珍版丛书》。

朱思本

中国元代地理学家、地图学家。字本初，号贞一。江西临川（今抚州）人。自幼熟读经史，因"厌世溷浊"，曾学道于江西龙虎山中。后居大都（今北京），协助玄教宗师吴全节管理江南道教。常利用奉诏代祀名山河海之机，周游各地，考察地理，订正山河名称，研究郡邑沿革，校核前人地图中的谬误。参阅郦道元的《水经注》、唐李吉甫的《元和郡县图志》、宋《元丰九域志》等，1311—1320年历时10年绘成《舆地图》，并刊石于江西龙虎山上清宫之三华院。此图流传至清初，现已失传。他用画方之法，先绘制各地分图，然后合成长、广各7尺的《舆地图》。该图以中国为主体，外国作衬映；内容较详细，图形轮廓较准确；系统地使用了图例符号，是元、明、清初各代绘制全国总图的范本，为中国地图史上杰出创作。由于图幅过大，不便舒卷，后罗洪先把大幅地图分绘成小幅，刊印成《广舆图》。朱思本还善诗文，著有《贞一斋诗文稿》，并将藏文《河源志》译为汉文。

李时珍

中国明代医药学家、博物学家，古代科学巨著《本草纲目》的作者。字东璧，号濒湖山人，人称李濒湖。蕲州（今湖北蕲春西南）人。世医出身，父李言闻（字子郁，号目池）曾任太医院吏目，著有《四珍发明》《蕲艾传》《人参传》等书。李时珍自幼习儒，博览群书，曾师事理学家顾问（顾日岩）。14岁考中秀才，后经三次乡试落榜，遂继承家学，以医为业。因医术精良被聘为楚王府奉祠正，掌管良医所，后又被举荐进京入太医院供职，一年后辞归故里，悉心著述。所著《本草纲目》费时27载（1552—1578），三易其稿。还著有《濒湖脉学》（1564）、《奇经八脉考》（约1572）等多种医学著作。

李时珍生活在明末文化发达地区，长期习儒，又受家庭的熏陶，因而能把握当时医药发展中存在的问题，结合个人实践经验，写出一系列高质量的医药著作。他鉴于本草著作关系治病救

人大事，历代著述、注解本草的著作虽多，谬误也不少，认为很有必要重新加以整理考订。宋代的《证类本草》产生之后500多年间，大量散在的药学知识未得到汇集整理，其中错误也未予纠正，原有本草书已不能适应药学发展的需要，因而研究考证古代文献，收集当代资料，进行辨疑、订误，参考800余种医药及经史百家书籍，并实地调查，请教有实践经验的人，进行多学科综合

研究，采取比较分析、实事求是的科学态度，著成《本草纲目》这一药物学巨著，他在书中采用"纲目"的事例，建立了与生物学上双名法类似的分类体系，在动物学方面具有进化论的思想萌芽，对生物、矿物、化学、地学、天文等也有研究。李时珍深受儒家格物穷理思想的影响，在药学理论、药物品种考订方面具有许多新见解，纠正了一些错误，极力反对迷信服食。在医学思想方法上，他崇奉金元医学大家张元素、李东垣。《本草纲目》博大精深的内容把中国古代药物学发展推向高峰，在国内外科学界有深远的影响。英国科技史家李约瑟称他为"中国博物学中的无冕之王"，称《本草纲目》是"明代最伟大的科学成就"。

李时珍对脉学也有很深造诣，所著《濒湖脉学》全面总结了明以前的脉学成就，编为歌诀体裁，便于记诵普及。其《奇经八脉考》对经络学说有一定的补充和贡献。还著有《濒湖医案》《濒湖集简方》《命门考》《命门三焦客难》等，均佚，但这些书的某些内容在《本草纲目》中也有所反映。

徐光启

中国明代科学家、政治家。字子先，号玄扈，上海人，卒于北京。万历三十二年（1604）进士，选庶吉士，迁赞善。从耶稣会传教士利玛窦等学习西方数学、天文、水利、地理、火器等"有用之实学"，译成《几何原本》《泰西水法》诸书。四十一年，力

主要著作有《农政全书》60卷，并有《崇祯历书》《测量法义》《勾股义》《九章算法》《徐氏庖言》等，多收入《徐光启集》。

主以西洋历法修正旧历，遭守旧势力反对，托疾离朝，自购田地，屯垦天津。四十七年，为抗击清兵，累疏自请练兵通州。天启间，遭阉党排陷，告病闲住，从事农业科学的研究和《农政全书》的编写。崇祯元年（1628）召还，二年，以礼部左侍郎理部事，奉敕督造红夷炮，抵抗清军。三年，疏陈垦田、水利、救荒、盐法等拯时急务，擢礼部尚书。五年，以礼部尚书兼东阁大学士入参机务，六年病卒。赠少保，谥文定。

宋应星

中国明末科学家。字长庚，江西奉新人。曾祖宋景担任过南京吏、工、兵三部尚书，京师都察院左都御史等职，为官清正。祖父宋承庆英年早逝。父宋国霖，在庠40年未出仕，生四子，应星排行第三。应星少有大志，博览经、史、子、杂各书，28岁中举人，后六次进京会考落第，乃于科举决裂而转向家学。47岁时出任江西分宜县教谕。50岁撰成

《天工开物》，以及《论气》《谈天》等著作。51岁调任福建汀州府推官（管掌刑狱审判的官员）。任上为官清廉，关心民间疾苦，因不愿阿谀权贵、谄媚名流，上司假名开罪于他，他一气之下辞官返乡。三年后受官府保荐，出任安徽亳州知州。1644年5月清兵入关，他弃官归里。南明时授他滁和分巡道、南瑞分巡道，未赴任，隐居乡里（另说，他投入抗清斗争，抗清失败后

云游四方），卒于顺治康熙年间（约1666）。应星才大学博，著述等身。

著述概况 分为三大类：

①自然科学和手工业技术类。包括《天工开物》《观象》《论气》《谈天》《乐律》等。《谈天》仅剩"日论"六章，讲天体运行。《论气》涉及物理、化学、生物学等方面，以《天工开物》为基础，对生产技术作理论探讨；认为世界万物是"气"赋予；倡导"火质说"，提出"火质"存于木内，木的燃烧过程就是释放"火质"的过程，与西方的"燃素说"有些类似；提出在化学变化的前后过程中物质总量不变的思想，在谈到水银和硫磺反应生成银朱（硫化汞）时说："每升水银一斤，得朱十四两，次朱三两五钱，出数借硫质而生。"《观象》《乐律》等佚失。

②政论类。包括《野议》《画音归正》《思怜诗》《杂色文》《春秋戎狄解》等，仅存《野议》《思怜诗》两种。《野议》就是不同于"朝议"的"从野而议"，含序言和12篇短小精悍的论文，直言明末政治、经济、军事和科举等问题，主张改革弊政、拨乱图治。《思怜诗》含"思美诗"10首和"怜愚诗"42首。前者肯定"孝悌""忠信"等中国古代伦理观和"释氏佛心"的佛教哲学；后者则对明末统治集团的腐败丑行和社会上的士风不正、迷信陋习等，给予讥讽。

③人文学科类。包括《厄言十种》《原耗》《美利笺》等，均已佚失。

代表作 《天工开物》成书于1637年，它全面系统地总结和记载农业、手工业生产技术的经验和知识。全书6.2万字，插图123幅，分上中下3卷，每卷1册，共18章，是作者行程数十万里，深入考察全国各地田间、作坊基础上写成。书中涉及30个不同生产部门的技术，先农副业各章，次手工业各章，珠玉一章殿后。天工、开物两词，均出于《周易·系辞上》。天工指与人工对应的自然力；开物是说根据人类需要开发资源，它们的核心思想是天工补人工来开发万物，即通过自然力与人力的互补，运用技术从自然界中为人类开发物产，充分体现了"天人合一"思想。

上卷6章，多与农业有关。《乃粒》主要记述稻、麦、黍、稷、粱、粟（小米）、麻和菽（豆类）等作物的栽培技术和有关农机具。《乃服》记述种桑养蚕、缫丝、植棉、棉纺、麻纺、毛织等的生产技术和知识。《彰施》介绍各种植物染料、染色技术。《粹

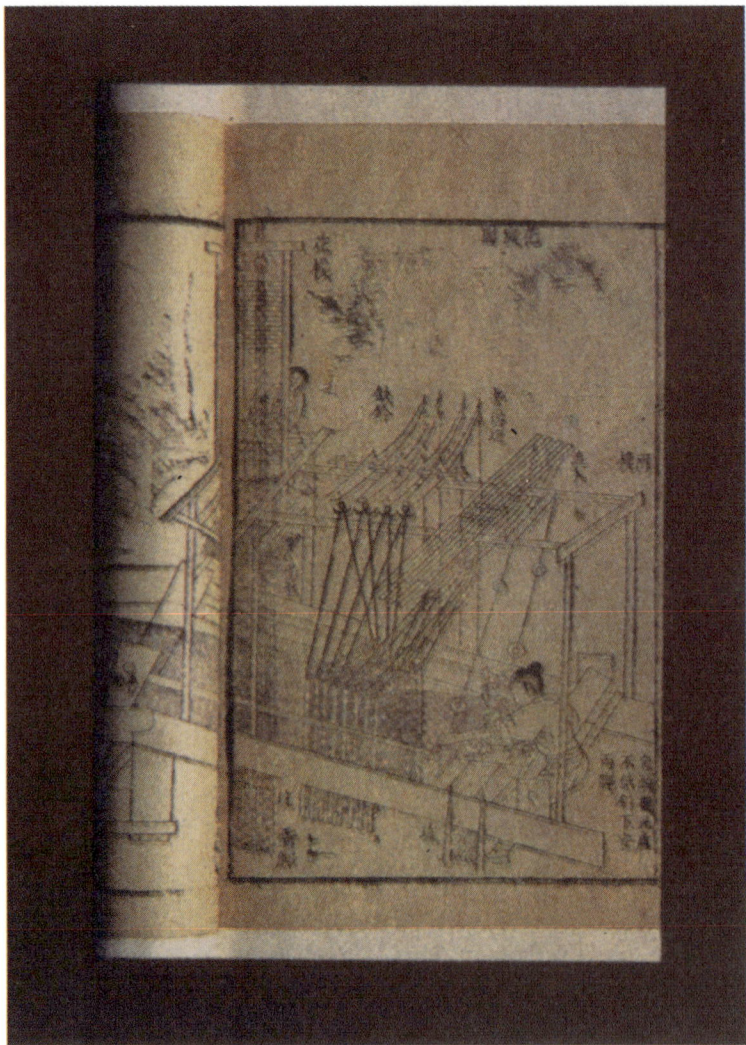

《天工开物》中的明代花机图（明崇祯十年刻本）

精》叙述稻、麦等粮食作物的收割、脱粒和磨面等加工技术。《作咸》记载海盐、池盐、井盐、末盐和崖盐等产地制盐技术和设备。《甘嗜》记述种蔗、制糖和养蜂等技术及其原理。以上产品为人生所必需的，合为1卷，订成1册，置全书之首。

中卷7章，多为手工业技术。《陶埏》记述建房用的瓦、砖和日常生活用的陶、瓷原料制作工序以及烧制方法。《冶铸》讲常用的鼎、钟、釜（锅）、炮、镜和铜钱等铸造工艺，其中失蜡法、实体模型铸造法和无模铸造法居世界先进水平。《舟车》用数字记述各种船舶和车辆的结构、使用情况，特别是对内河运输船漕船的记载特别详细。《锤锻》系统记载用锤锻方法铸造铁器、铜器的工艺，以及各类合金的冶制、焊接技术等，其中淬火法、生铁淋口和拉

丝模具冷拉铁丝，以及表层渗碳处理等加工工艺为先进技术。《燔石》总结烧制石灰、煤炭、矾、硫磺和砒霜等矿物的技术，所用开采煤矿的瓦斯排空和巷道支护技术在当时比国外先进。《膏液》记述食、用植物油脂的制造方法，包括对16种油料植物子实的产油率，油的性状、用途，以及油脂提制方法（水代法和压榨法）等。《杀青》记述制造竹纸、皮纸的过程和工具及用途，并提供中国现知最早的造纸工艺流程图。

下卷5章，亦多手工业技术。《五金》介绍金、银、铜、铁、锡、铅、锌等金属矿产的开采、洗选、冶炼及其加工方法，其中煤炼铁法、灌钢技术和分金炉使用，以及由炉甘石（碳酸锌）还原为锌（当时称"倭铅"）的炼锌技术等是中国的发明创造。《佳兵》记述各种武器，包括古老的

弓箭，及当时先进火器：地雷、火炮、水雷、炸药包、鸟枪等制造技术。《丹青》介绍墨和各种颜料（俗称丹青）生产过程。《曲蘖》记录酒母、神曲、丹曲（红曲）所用的各种原料、数量配比以及生产过程。《珠玉》记载玉石和珍珠的采集方法、加工技术。

《天工开物》初刊于明崇祯十年（1637）。清代康、雍年间官修的《古今图书集成》和乾隆七年（1742）官修的《授时通考》，引用其部分内容；而后编纂的《四库全书》没有将其收录。此后，该书长期湮没。相反，该书传入日本后十分流行，1771 年出现菅生堂依据崇祯原刻本翻刻的版本；1869 年，法国汉学家摘译法文出版；1882 年德国学者用德文介绍有关内容。直到 1928 年，中国国内才据日本菅生堂翻刻本重印出版，因辗转翻印，文字和图版多有不实之处。1952 年，北京图书馆从浙江宁波李氏墨海楼捐献的藏书中得到崇祯十年初刻本，1956 年由中华书局影印出版，这部 17 世纪中国重要科技著作才以其本来面目面世。

《天工开物》是一部记述中国古代生产技术的百科全书。全书文字简洁，记述扼要；所附 123 幅工艺流程图，画面生动，比例恰当，有立体感。它是中国古代科技史上具里程碑式著作，也是世界古代科技史上的名著。

徐霞客

中国明末旅行家兼地理学家、散文家。名弘祖，字振之，别号霞客，南直隶江阴（今属江苏）人。出身于书香门第家庭，自幼"特好奇书"，欲"问奇于名山大川"。21岁开始出游，30多年间不避风雨，不惮虎狼，不计程期，不求伴侣，甚至饥食草木之实，进行实地考察。历尽艰险，足迹遍及现在的江苏、浙江、安徽、山东、河北、山西、陕西、河南、湖北、福建、广东、江西、湖南、广西、贵州、云南、天津、北京、上海等地，成为中国历史上以旅行考察为毕生事业的第一人。他的出游大致以1636年为界分为两个时期：前期北登恒山，南及闽粤，东涉普陀，西攀太华之巅，偏重搜奇访胜，写下了天台山、雁宕山（今雁荡山）、黄山、庐山、嵩山、华山、五台山、恒山等名山游记17篇；后期的西南地区之行，则在探寻山川源流、风土文物的同时，重点考察与记述了喀斯特地貌的分布及其发育规律，写有《浙游日记》《江右游日记》《楚游日记》《粤西游日记》《黔游日记》《滇游日记》等

著作。

每到一地，徐霞客便把所见所闻真实而生动记录下来，他死后由他人整理，定名《徐霞客游记》。这是一部以日记体裁为主的地理名著。徐霞客去世后，原稿散佚，后由季梦良等编次，于崇祯十五年（1642）形成最早的游记抄本。清康熙二十三年（1684），他的幼子李寄（因育于李氏从姓）据多种抄本整理，并补入《游太华山记》、《游颜洞记》和《盘江考》诸文，形成散佚后第一次较为完整的抄本。清乾隆四十一年（1776），距徐霞客之死135年，始由霞客族孙徐镇根据

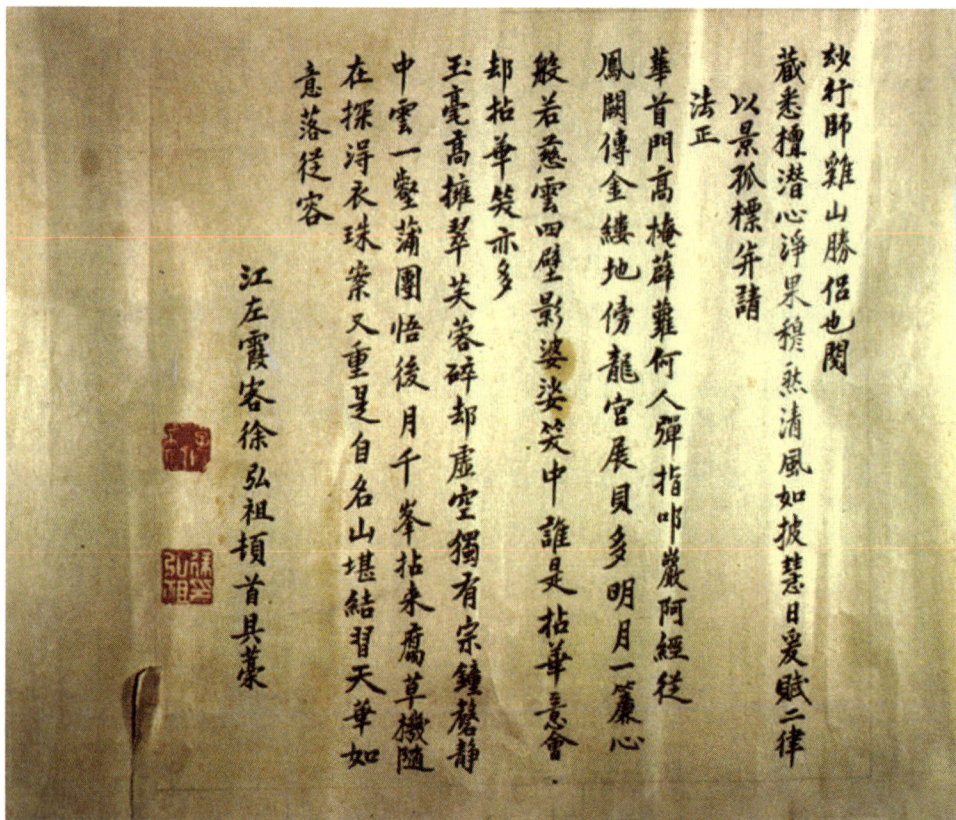

徐霞客手迹

杨名时、陈泓等人的抄本校订刊刻出版，是为最早的刊本。此后重要的刊本有嘉庆十三年（1808）叶廷甲本、1928 年丁文江本、1980 年上海古籍出版社本和 1985 年云南人民出版社校注本等。初步统计，游记的手抄本和刻印本达 30 余种。其中褚绍唐、吴应寿整理的上海古籍出版社本，系据新发现的清初季梦良原始抄本和霞客孙徐建极抄本，以及乾隆四十一年（1776）刊本等 10 多种抄本和刊本整理而成，共 62 万多字，存有日记为 1050 天，比原流行的旧刊本多 14 万字、日记 158 天。全书包括名山游记（占 7%）、西南游记（占 91%）、专题论文和诗文（占 2%），描述的内容涉及地貌、地质、水文、气候、动植物、历史地理、社会政治经济、城镇聚落、民族风俗等知识，尤以地貌、水文、植物等内容为多，

也是最富有地理学价值的部分。它既是世界上第一部广泛系统地记载和探索喀斯特地貌的科学著作，又是一部中国文学史上最具文学价值的游记。全书据实写景记事，工笔细密，辞藻丰丽，寓情于景，情景交融，被后人誉为"世间真文字、大文字、奇文字"。

徐霞客在地理学上的重要成就主要有：①对喀斯特地貌的类型、分布和各地区间的差异，尤是喀斯特洞穴的特征、类型及成因有详细的考察和科学的记述。仅在广西、贵州、云南三省，他亲自探查过的洞穴便有 270 多个，且有方向、高度、宽度和深度的记载，成因的论述，指出一些岩洞是水的机械侵蚀造成，钟乳石是含钙质的水滴蒸发后逐渐凝聚而成等。②纠正文献记载的关于中国水道源流的一些错误。如否定自《尚书·禹贡》以来流行

位于江苏江阴的徐霞客墓

1000多年的"岷山导江"旧说，肯定金沙江是长江上源；正确指出河岸弯曲或岩岸近逼水流之处冲刷侵蚀厉害，河床坡度与侵蚀力的大小成正比等问题；对喷泉的发生和潜流作用的形成也有科学的解释。③观察记述很多植物的生态品种，明确提出地形、气温、风速影响植物分布和开花早晚。④调查云南腾冲打鹰山的火山遗迹，科学记录与解释了火山喷发出来的红色浮石的产状、质地及成因；对地热现象的详细描述在中国也是最早的。⑤对所到之处的人文地理情况，包括各地的经济、交通城镇聚落、少数民族和风土文物等，也作了不少精彩的记述。他在中国古代地理学上开拓了实地考察、研究自然规律的新方向，作出了超越前人的贡献，特别是关于喀斯特地貌的详细记述和探索，居于当时世界的先进水平，被尊为中国和世界考察喀斯特地貌的先驱。

王锡阐

中国明清之际的民间天文学家。字寅旭，号晓庵，江苏吴江人。17岁时，明朝覆亡，他放弃科举，致力于学术研究，尤其爱好天文，常夜仰观天象。每遇日、月食，必以实测来检验自己的计算结果。去世前一年，虽已疾病缠绵，仍坚持观测。王锡阐生活在耶稣会士东来、欧洲天文学开始传入中国的时期，对于应否接受欧洲天文学，当时中国学者有三种不同态度：一种是顽固拒绝，一种是盲目接受，他则持批判吸收的第三种态度。从当时集欧洲天文学大成的《崇祯历书》入手，对其前后矛盾、互相抵触之处予以揭露，对其不足之处予以批评，进而在吸收欧洲天文学优点的基础上，发展了中国天文学，写成《晓庵新法》（1663）和《五星行度解》（1673）等书。《晓庵新法》共6卷，运用传到中国的球面三角学，首创计算日月食的初亏和复圆方位的算法，以及金星凌日和五星凌犯的算法。后来都被清政府编入《历象考成》，成为编算历法的重要手段。《五星行度解》是王锡阐在第谷宇宙体系的基础上建立的一套行星运动理论。他认为五大行星皆绕太阳运行，土星、木星、火星在自己的轨道上左旋（由东向西），金星、水星在自己的轨道上右旋（由西向东），各有各的平均行度；太阳在自己的轨道上绕地球运行，这轨道在恒星天上的投影即为黄道。他据此推导出一组公式，能预告行星的位置。他还考虑到日、月、行

星运动的力学原因，但错误地认为这些是因假想的"宗动天"（恒星所在的天球外的一层天球）的吸引所致。

梅文鼎

中国清代天文学家、数学家。字定九，号勿庵，安徽宣城人。少年时从私塾老师罗王宾学天文。清顺治十六年（1659）又拜倪观湖为师，学习明代《大统历》。康熙元年（1662）写成《历学骈枝》5卷。康熙十四年（1675）以后从《崇祯历书》入手，研究西洋历算。曾于康熙四十四年（1705）受康熙皇帝召见，讨论历算。一生四出游学，手不释卷，著作很多。据他在康熙四十一年（1702）手定的《勿庵历算书目》中记载，有天文学著作62种，数学著作26种。传世的有雍正元年（1723）编的《勿庵历算全书》，共收29种76卷。乾隆二十六年（1761）孙梅毂成编《梅氏丛书辑要》，共收23种60卷。其中天文方面10种20卷。在中国传统天文学方面，他主要研究《授时历》《大统历》，并作注解。在《授时历》研究中，最早用几何方法阐明求日食三限（初亏、食甚、复圆）时刻和月食五限（初亏、食既、食甚、生光、复圆）时刻的道理，指出《授时历》等在推算黄、赤道差和黄、赤道内外度中，已接近球面三角学，还对三次差内插法给出了详细阐释。在引进西方天文学方面，梅文鼎做了下列工作：①介绍与讨论天文学中的球面三角学方法，为确定天体的位置引入黄道坐标系。②介绍与讨论如何用小轮方法来解释某些天体运动的规律，用偏心圆方法来说明太阳的视运动，并对小轮的实在性提出怀疑。③把散见在《崇祯历书》《历学会通》以及其他著作中的西方星表，包括托勒玫的《天文学大成》中的星表和巴耶的星表，作了系统的整理和介绍。④系统整理《崇祯历书》中关于求太阳、月球以及五星的位置的计算方法，并作出分析与解释。梅文鼎对伊斯兰历法也作了介绍和研究。

梅文鼎在数学方面整理和研究了中国传统数学中的多元一次方程组解法和勾股算法，对当时传进来的西方数学，包括笔算、纳白尔算筹、对数、平面和球面三角学、《几何原本》等，都作了系统的研究和深入浅出的介绍，并有所发展。

梅文鼎主张"去中西之见，以平心观理"，毕生致力于阐发西学要旨，弘扬中学精华，对中西天文学、数学的融通做了大量工作，产生了很大影响。

明安图

中国清代数学家、天文学家。字静庵，蒙古族正白旗人。做官学生时，因成绩优异获康熙帝赏识。结业后任钦天监时宪科五官正，负责推算日月五星的运行，编制时宪书。乾隆二十四年（1759）任钦天监监正。他参与《历象考成》《历象考成后编》《仪象考成》的编纂，载录了3083颗恒星的黄道坐标和赤道坐标，达

到了当时世界的先进水平。1756、1759 年，他两次前往新疆，完成了准噶尔地区和天山南部地区的测量与绘图，《清乾隆内府舆图》就是在《康熙皇舆全图》和这两次测量的基础上绘制的。传教士杜德美传入牛顿、格雷果里关于圆周率和弧背求正弦、弧背求正矢等三个幂级数展开式而没有证明，明安图从约 1736 年起，穷 30 余年的研究，获得证明，还得到并证明了弧背求通弦、弧背求矢、通弦求弧背、正弦求弧背、正矢求弧背、矢求弧背等 6 个公式，著《割圜密率捷法》，书未成而卒。其子明新和学生陈际新于 1774 年续成，共 4 卷。明安图的方法对清代幂级数研究影响极大。

徐 松

中国清代地理学家。字星伯，生于浙江绍兴，幼随父至北京大兴定居。1808 年以进士及第授翰林院编修，利用编纂全唐文之便，从《永乐大典》中辑出《宋会要》（500 卷），撰写《唐两京城坊考》。1810 年被谪戍新疆伊犁，得机考察天山南北各地，详记山川曲折博稽载籍案牍，撰《西域水道记》（5 卷）、《汉书西域传补注》（2 卷）、《新疆识略》（12 卷）等。1819 年回京，任礼部主事、江西道监察御史等。1821 年成书的《西域水道记》以西域水道为纲，记述沿岸的城市、聚落、山岭、某些地点的经纬度、历史、物产、民族、水利、驻军等，所附地图计里画方，是研究西北史地的重要文献。

李善兰

中国清代数学家、天文学家、翻译家、教育家，中国近代科学的先驱。原名心兰，字壬叔，号秋纫，浙江海宁人。自幼酷爱数学，学习《九章算术》《几何原本》等数学典籍。1845年撰《方圆阐幽》《弧矢启秘》《对数探源》，创尖锥术。所谓"尖锥"是一种处理代数问题的几何模型。借助尖锥术，得出了几个相当于定积分的公式，在接触西方微积分思想之前独立地接近了微积分学。对三角函数与对数的幂级数展开式等亦有创见。1867年撰《垛积比类》等，深入研究高阶等差级数求和等问题，得出李善兰恒等式等一些有关二项式定理系数的恒等式。1860年起，他先后在徐有壬、曾国藩处做幕僚，参加洋务运动的科学技术活动。1867年将数学、天文学著作汇刻为《则古昔斋算学》13种24卷。1852—1859年在上海与传教士伟烈亚力等翻译《几何原本》后9卷、《代数学》13卷、《代微积拾级》18卷、《曲线说》3卷、《谈天》18卷等数学、天文学和近代科学著作，又译《奈端数理》（即牛顿的《自然哲学的数学原理》，未刊）。其中《代微积拾级》是中国第一部介绍微积分学的译著，《谈天》正确介绍了哥白尼学说。此外，他还翻译了《植物学》《重学》等书。1867年李善兰就任京

师同文馆首任算学总教习。1872年撰《考数根法》1卷，提出一些判断素数的定理，证明了费马素数定理，并指出它的逆定理不成立。

徐 寿

中国科学先驱。字生元，号雪邨，生于江苏无锡，卒于上海。徐寿早习举业，后以无裨实用而改学制造工艺和西方近代自然科学。他心灵手巧，勤奋好学。1861年，曾国藩以"研精器数，博涉多通"奏聘徐寿入军中幕府。1862年与华蘅芳等人创建安庆内军械所。1863年，研制成中国第一台蒸汽机。1865年，徐寿与次子徐建寅等建立金陵军械所并制成中国第一艘江轮"黄鹄"号。

1866年，徐寿调入上海江南制造局，任委员、提调等职，总理局务，主管科技工作。在江南制造局致力研制成各式机器兵船、枪炮、弹药、硫酸等。1868年，徐寿在江南制造局倡建翻译馆。在馆译书17年，与英国教士傅兰雅等合译西方科技书20多部，发表专论10篇，约290多万字，内容涉及化学、物理、数学、医学、矿学、汽机、兵学、工艺、律吕等，引进了大量先进科技知识，推动了西学东渐新高潮和科技近代化。译著中以工艺书最多，化学译著最为有名，如《化学鉴原》和《化学鉴原补编》（无机化学）、《化学鉴原续编》（有机化学）、《化学考质》（定性分析化学）、《化学求数》（定量分析化学）、《物体遇热改易记》（物理化学部分内容）

等，将西方近代化学引入中国。这批译著的原作，大多是西方当代名人名著，内容新，流传广，实用性强，流行三四十年，促进了中国社会近代化运动。

徐寿首创化学元素汉译名原则和创译的 36 个元素汉译名，沿用至今，影响深远，为中国近代化学的发展打下基础，被誉为中国近代化学的先驱和奠基人。

1874 年，徐寿和傅兰雅等在上海创建中国第一所专门培养科技人才的格致书院。徐寿任华董，主持院务兼主讲，培养中国首批科技人才，开创中国科技教育的先河。徐寿积极支持中国第一份科技专刊《格致汇编》（傅兰雅辑），为该刊作序，撰稿，解答读者问，普及科技知识。

徐寿自幼热爱乐器制造工艺，并研究声学原理。他用现代科学矫正了一项古老的声学定律的论文《考证律吕说》，发表于 1880 年《格致汇编》第三年七卷。1881 年 3 月 10 日，此文以《声学在中国》为题，在英国著名《自然》杂志刊出。编者赞扬徐寿"用简单的实验手段"，获得了"非常出奇"的成果。徐寿论文的刊出，开创中国学者在西方杂志上发表论文的先例。

徐寿非常重视科学实验，他和三子徐华封（1858—1928，字祝三，是开拓中国近代民族工业的实业家）在上海龙华路故居，建立中国罕见的家庭实验室，不惜重金，购置大量仪器、设备，提倡理论联系实际的新学风。

何秋涛

中国清代地理学家。福建光泽人，字愿船，卒于河北保定。自少年时代即喜好地理学，能历数府、厅、州、县名及其四境所至。道光二十四年（1844）进士，官刑部主事。咸丰间，擢升员外郎、懋勤殿行走。他长期究心北疆形势，始著《北徼汇编》6卷。后复详订图说，搜集蒙古、新疆、东北及早期中俄关系史料，起汉晋，讫道光，增为80卷，咸丰帝阅后赐名《朔方备乘》，学术价值甚高。又考订俞正燮《俄罗斯事辑》、魏源《海国图志》诸书讹误，辨证徐继畬《瀛环志略》疏失，用力甚勤。其友人张穆故世后，为之校订《蒙古游牧记》并付印。补辑《魏书·地理志》。自著尚有《王会篇笺释》《一镫精舍甲部稿》等。

华蘅芳

中国清代数学家、机械制造家、翻译家、教育家。字若汀，江苏金匮（今江苏无锡）人，卒于无锡。自幼酷爱数学，对物理、化学、地理、工艺技术、医学等乃至音乐都有广博的知识。他积极参加洋务运动的科学技术活动。1885年制造一直径5尺（约1.7米）充以自行制备的氢气的气球，演放成功，为中国第一个氢气球制造者。1862年他到安庆军械所，与徐寿等一起研制机动船，1865 年造出载重 25 吨的木质蒸汽机轮船"黄鹄"号，"推求动理，测算汽机"，他"出力最多"。同年，曾国藩于上海创办江南制造局，他参与其事，主持试制硝酸。后来长期在该局与 J. 傅兰雅等翻译《代数术》、《微积溯源》、《三角数理》、《合数术》（关于对数造表法）、《决疑数学》等西方数学著作，以及《金石识别》《地学浅释》等矿物学、地质学著作。其中《决疑数学》是中国第一部概率论译著。他的数学著作结集为《行素轩算稿》6 种 27 卷。他先后应聘讲学于上海格致书院、天津武备学堂、湖北自强学堂、两湖书院及无锡竢实学堂。1896 年任常州龙城书院院长兼江阴南菁书院院长。对于发展中国近代数学和人才的培养多有贡献。

詹天佑

中国近代科学技术先驱，杰出的铁路工程师。号眷诚，字达朝，原籍安徽婺源（今属江西），生于广东南海（今广州市），卒于湖北汉口。1872 年作为第一批幼童出洋赴美国留学；1881 年毕业于耶鲁大学土木工程系；1885 年任广东省博学馆教习，测绘了中国第一幅海图"广东沿海图"。1888 年从事铁路工作，先后参加修建或主持修建京奉、京张、张绥、津蒲、川汉、粤汉和汉粤川等铁路，历任工程师、总工程师、督办和交通部技监。对中国铁路网的规划，干线的勘探设计，线路、桥梁、隧道的设计和施工，

都有开创性的重大贡献。尤其是1904年主持自行勘测设计和施工的北京至张家口铁路，从南口经居庸关、八达岭至岔道城的22千米区段内，工程艰巨，他决定采用33‰坡道和"之"字线的方案，并决定开凿隧道数千米，在当时施工条件下实现颇为不易，因而被视为自力更生、艰苦奋斗的典范。他主持的建设工程都是经过反复勘测调查而选定实用、安全而经济的设计、施工方案。他建议采用标准轨距，主持制定铁路建设技术标准和规范，为中国铁路的统一和通畅创造了条件。他致力于科技同仁的团结，为中华工程师会主要创办人之一，并任第一任会长（1915）。

冯 如

中国最早的飞机设计师和飞行家。字鼎三，号九如，生于广东恩平。幼时赴美，在旧金山和纽约做工，刻苦钻研机械工艺技术。莱特兄弟飞机飞行成功后，冯如深受影响，立志从事飞机制造。1907年在旧金山以东的奥克兰设场制造飞机，1909年成立广东飞行器公司。同年制造飞机成功，并于9月21日在奥克兰附近的派德蒙特山丘试飞，9月23日《旧金山观察者报》以头版报道了这次试飞的消息。冯如于1910年又制成一架双翼飞机，10—12月间在奥克兰进行飞行表演获得成功，受到孙中山和旅美华侨的赞许，并获得美国国际航空学会颁发的甲等飞行员证书，美国各地争相聘他任教。冯如决心报效祖国，于1911年2月偕同助手朱竹泉、朱兆槐等人携带两架飞机回国。辛亥革命后，广东革命军政府组织飞行队，委任冯如为队长。

1912年，冯如在广州燕塘飞行表演中因飞机失事牺牲，遗体安葬在广州黄花岗烈士陵园。为表彰冯如的功绩，他被追授陆军少将军衔，并立碑纪念，被尊为"中国始创飞行大家"。

伽利略

意大利物理学家和天文学家，近代实验科学的奠基者之一。生于比萨，卒于阿切特里。伽利略家族姓伽利莱（Galilei），他的全名是 Galileo Galilei，但现已通行称呼他的名 Galileo，而不称呼他的姓。

生平 伽利略出身于没落的贵族家庭。他父亲芬琴齐奥·伽利莱（Vincenzio Galilei 1520—1591）精通音乐理论和声学，著有《音乐对话》一书。伽利略 1572 年开始上学。1575 年随全家迁居佛罗伦萨，进入修道院学习。1581 年他遵父命进比萨大学学医，但他感兴趣的是数学、物理和仪器制造。1585 年因家贫退学，担任家庭教师，仍奋力自学，并做出研究成果。1589 年比萨大学聘请他讲授几何学和天文学。1591 年父亲病逝，他因家庭经济负担到威尼斯的帕多瓦大学任教。1609 年回佛罗伦萨。1611 年到罗马并担任林嗣科学院的院士。1633 年以"反对教皇、宣扬邪学"被罗马宗教裁判所判处终身监禁。1638 年以后，双目逐渐失明，晚景凄凉。

学术成就 可分下列四个

方面。

新的科学思想和科学研究方法　在伽利略的研究成果得到公认之前，物理学以至整个自然科学只不过是哲学的一个分支，没有取得自己的独立地位。当时，哲学家们被束缚在神学和亚里士多德教条的框框里，他们苦思巧辩，得不出符合实际的客观规律。伽利略敢于向传统的权威思想挑战，不是先臆测事物发生的原因，而是先观察自然现象，由此发现自然规律。基于这样的新的科学思想，伽利略倡导了数学与实验相结合的研究方法。这种研究方法是他在科学上取得伟大成就的源泉，也是他对近代科学的最重要贡献。

物理学　在历史上伽利略是最早对动力学作了定量研究的人。1589—1591年，他对物体的自由下落运动作了细致的观察，从实验和理论上否定了统治两千年的亚里士多德的落体运动观点（重物比轻物下落快），指出如忽略空气阻力，物体下落的速度和它的重量无关。根据伽利略晚年的学生 V. 维维亚尼的记载，落体实验是在比萨斜塔上进行的，但这件事在伽利略著作中没有记录，因而较普遍认为此事不可靠。伽利略还对物体在斜面上的运动，抛射体的运动等做过实验和观察。在这些研究基础上他提出了加速度的概念及其数学表达式。他曾非正式地提出惯性定律和物体在外力作用下运动的规律，提出运动相对性原理（现称伽利略相对性）。这些为牛顿正式提出运动第一、第二定律奠定了基础。在经典力学的建立上伽利略可说是牛顿的先驱。

伽利略对摆的运动作过长期的观察和研究。传说他少年时注

折射望远镜

意到教堂挂灯来回摆动的等时性。在后来的研究中他指出单摆的周期和摆长度的平方根成反比。这一规律为后来计时机构（摆钟）的设计提供了根据。1641年，已失明的他，让儿子为他绘制了摆钟设计图。

伽利略研究了梁的抗弯曲的能力和梁尺寸的关系。他还把这种关系用来说明为什么体格大的动物在负担自身重量方面不如体格小的动物，写道："一只小狗也许可以在它的背上驮两三只小狗，但我相信一匹马也许连一匹和它同样大小的马也驮不起。"

伽利略在被监禁期间把他在力学方面的成就用三人谈话的形式写成《两门新科学的谈话》一书（1638年出版），所说两门新科学的内容，现在分别属于动力学和材料力学。

天文学　伽利略在知道荷兰人已有了望远镜后，亲手制造和改进了望远镜，并用来巡视天空，发现许多前所未知的天文现象。他发现所见恒星的数目随着望远镜倍率的增大而增加；银河是由无数单个的恒星组成的；月球表面有崎岖不平的现象，金星也有圆缺的变化；木星有四个卫星（其实是众多木卫中的最大的四个）。他还发现太阳黑子，并且认为黑子是日面上的现象。由黑子在日面上的自转周期，他得出太阳的自转周期为28天（实际上是27.35天）。1637年在目力很差情况下，他还发现了月亮的周日和周月天平动。

这一系列天文发现轰动了当时的欧洲，有力地支持了N.哥白尼的日心体系说。伽利略在介绍他新发现的两本书《星际使者》（1610）和《关于太阳黑子的书信》（1613）中，都主张哥白尼的

日心说，而当时教会中许多人对日心说不肯认同。1613年，哥白尼的《天体运行论》被宗教法庭列为禁书，伽利略也受到警告，要他放弃哥白尼学说。伽利略没有接受警告，他继续写作，1632年他的《两大世界体系的对话》出版。宗教法庭把伽利略传到法庭，并宣判他有罪，禁止《对话》流传。1633年被判处终身监禁。

实验科学　无论在动力学、梁的弯曲或者是天文学的研究中，伽利略十分重视观察和实验的作用。他又善于在观测结果的基础上提出假设，运用数学工具进行演绎推理，看是否符合于实验或观察结果。如在自由落体的实验中，他让水滴相继地从同处下落，每两滴时间间隔相同。他观察到任何时刻相继两滴间的距离成等差级数。他运用数学中的抛物线性质，得出下落距离和时间成平方关系。值得注意的是，他对理论推导也很严谨。尽管抛物线的性质早在古希腊那里已有了解，现存的伽利略手稿表明，他把抛物线的公式又从头推算了一遍。

实验和观测要精确，就离不开测量仪器。伽利略往往亲自设计制造仪器。除了上述望远镜外，他设计和制造的仪器有流体静力秤、比例规、温度计、摆式脉搏计等。

从伽利略开始的科学研究中，首先在力学的研究中，科学实验被放到重要的地位。从伽利略、牛顿开始的实验科学，是近代自然科学的开始。

伏 特

意大利物理学家。1745 年 2 月 18 日生于意大利的科莫,1827 年 3 月 5 日卒于同一城市。1769 年发表第一篇科学论文,1774 年任科莫皇家学校物理学教授;1779 年任帕维亚大学物理学教授。1777 年,伏特改进起电盘和验电器。1800 年 3 月 20 日宣布发明伏打电堆,这是最早的直流电源。从此,人类对电的研究从静电发展到流动电(电流)。伏特于 1801 年获法国拿破仑一世授予的伏特金质奖章、奖金和伯爵衔。1791 年被选为伦敦皇家学会会员,1794 年获皇家学会科普利奖章。为纪念他,人们将电动势单位取名伏特。

牛 顿

英国物理学家、数学家、自然哲学家和天文学家,经典物理学理论体系的建立者。生于英国林肯郡伍尔索普镇,卒于伦敦。

生平 生父是一个小农场主,死于牛顿出生前三个月。牛顿是

早产儿，幼年体质羸弱。三岁时母亲改嫁一位富裕的牧师，被寄养在外祖母家中，并在那里接受启蒙和小学教育。牛顿的童年缺乏父爱和母爱，致使他性格孤僻内向，没有知心朋友。牛顿在格兰瑟姆文科学校读中学，寄宿在一位药剂师的家中。在中学阶段，他广泛阅读各类书籍，制作各种玩具，从事多种化学、物理实验。他的学习成绩不好，一度还是班级里倒数第二。直到有一次他赢得了一场与欺负他的同学之间本来实力悬殊的殴斗，才萌发出强烈的上进心，天才的一面开始展现出来，成绩也跃升前茅。

即将中学毕业时，牛顿的母亲曾要求他放弃学业接掌家庭农场。在中学校长 J. 斯托克斯和牛顿的舅父 W. 艾斯库（神父，毕业于剑桥大学）斡旋下，牛顿得以重续学业，并以优异成绩被推荐到剑桥大学三一学院（1661）。由于母亲拒绝支付牛顿的学费，牛顿不得不以减费生身份入学，在课外兼做高年级学生差役。

在剑桥，牛顿极其勤奋地读书、思考，他研究了大量古代和当代人的著作，特别是有关自然哲学、数学和光学方面的，包括柏拉图、亚里士多德、哥白尼、伽利略、开普勒、笛卡儿、伽森狄、霍布斯、玻意耳的著作，以及巴罗的欧几里得《几何原本》译本，并写下大量读书笔记和手稿。1665 年牛顿获得学士学位，同时获得续读研究生的资格。

1665—1666 年间，英国流行鼠疫，各大学师生被疏散，牛顿回到家乡。与此同时，牛顿度过了他一生中最富于创造力的 18 个月。这期间牛顿思考并记录了他一生最重要的科学思想和创造，包括二项式定理，由求切线方法推导出流数法（微分）和反流数法（积分），提出光的颜色理论，猜测行星椭圆轨道由服从平方反比关系的引力所决定等。他没有公开这些思考和研究成果。

1667 年剑桥大学复课，牛顿当选为三一学院研究员。1668 年牛顿获得硕士学位，留校任教，定居剑桥，发明并制作出第一台反射望远镜。1669 年，牛顿接替著名数学家 I. 巴罗任卢卡斯讲座数学教授，时年 26 岁。1671 年他应邀制作第二台反射望远镜并赠送给英国皇家学会，1672 年当选为该学会会员。1678 年，由于光学研究卷入与 R. 胡克和英国耶稣会教团的争论，牛顿出现神经痛引发精神崩溃，次年他的母亲去世，在随后的几年里，牛顿拒绝一切公开活动。1679 年，牛顿证明了引力的平方反比关系与行星椭圆轨道之间的对应关联。至

此，牛顿的整个宇宙体系和力学理论的框架基本初步完成。1684 年，牛顿写出论文《论轨道上物体的运动》。文中证明，天上与地上的物体服从完全同样的运动规律，引力的存在使得行星及其卫星必定沿椭圆轨道运动。这篇重要论文成为写作名著《自然哲学的数学原理》（简称《原理》）的必要准备。

在 1685—1686 年中的 18 个

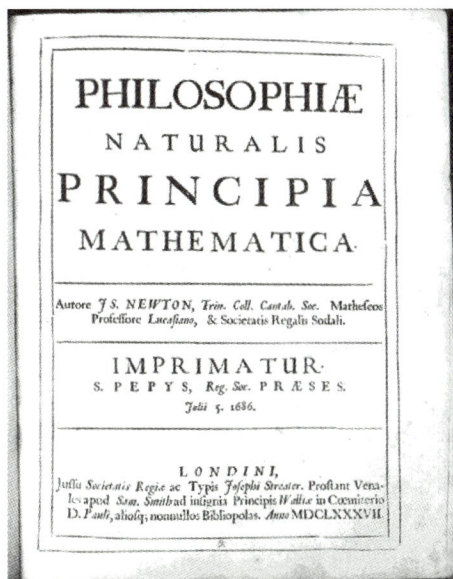

《自然哲学的数学原理》扉页

069

月里，牛顿写作《原理》，该书于1687年在哈雷的私人资助下正式出版。《原理》的出版震动了整个英国和欧洲学界，使他一跃成为当时欧洲最负盛名的数学家、天文学家和自然哲学家。1689年，牛顿当选为国会议员。1696年，牛顿出任造币局总监，并从剑桥移居伦敦。1701年，他再次当选国会议员，其后不久从三一学院退休。1703年，牛顿当选为英国皇家学会会长。1705年，受女王册封为爵士。

1704年牛顿的另一重要著作《光学》出版，这本书以英语写作。1707年，他出版了《算数理论》，这部著作没有引起广泛重视。在他生前，《原理》出版三个版本，第二版在1713年，第三版在1726年。

牛顿后半生的研究强度大大减小。1693年牛顿发生第二次精神崩溃，历经三年才逐渐复元，此后他几乎完全终止了科学研究。

在科学研究以外，牛顿长期致力于炼金术、《圣经》编年学和神学研究，并有所著述，留下大量手稿。

牛顿终生未娶。他去世之日，英国王室为他在西敏寺大教堂举行了国葬。

科学成就与贡献 1665—1666年英国的大鼠疫时期是牛顿最富于创造性的时期。牛顿晚年回忆道："1665年初，我发现了逼近级数法和把任意二项式的任意次幂化成这样一个级数的规则。同年5月，我发现格里高利和司罗斯的切线方法。11月，得到了直接流数法。次年1月，提出颜色理论。5月里我开始学会反流数方法。同一年里，我发现计算使小球紧贴着内表面在球形体内转动的力的方法，开始想到引力延伸到月球轨道，并且由开普勒定律、行星运动周期倍半正比于它们到其轨道中心距离。我推导出使行星维系于其轨道上的力，必定反比于它们到其环绕中心距离的平方。因而，对比保持月球在其轨道上的力与地球表面上的重力，我发现它们相当相似。所有这些都发生在1665—1666年那两年的大鼠疫期间。那时，我正处于发明初期，比以后任何时期都更多地潜心于数学和哲学。"

牛顿的手稿见证了所有这些发现。尽管大鼠疫时期牛顿奠定了他一生全部重要科学发现的基础，但他的科学研究成果却是在以后几十年里逐渐成熟并公之于世的。牛顿的前半生（45岁以前）极富于科学创造性，大致可以分为三个阶段，分别集中在数学、光学和力学及运动学方面。牛顿最富于成果的科学活动，则见于1685—1686年间，这期间他写作了《原理》。

数学　牛顿对于代数学、数论、古典几何学与分析几何学、曲线分类、计算方法与近似求解以及概率论等都有重要贡献，他的最重要的贡献是微积分和无限级数理论，特别是二项式展开式。

牛顿早年深受笛卡儿《几何学》和约翰·瓦利斯《无穷算术》影响，1665年发现了二项式定理展开式 $(a+b)^n$。在牛顿手稿中和他后来寄给莱布尼茨的信中记录了这一发现。这一发现虽然比中国的刘徽晚很多年，但在当时的欧洲是高度领先的。同年11月，牛顿发明流数（微分）方法，次年5月又发明了反流数法（积分）。1669年，牛顿得到他的成果即将被他人抢先的警告，匆忙完成第一篇微积分论文《运用无穷多项方程的分析》并由皇家学

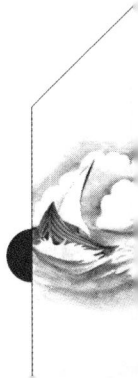

会备案，后于 1711 年发表。这篇论文于 1676 年被访问伦敦的莱布尼茨读到，埋下日后优先权争论的口实。1670 年，牛顿著《流数术与无穷级数》，系统论述了流数方法，指出所谓流数方法就是运用无限收敛级数的概念，解决任意函数求微分的方法。该书于他去世后的 1736 年出版。1676 年，牛顿完成第 3 篇重要的数学论文《曲线求积术》（该文后作为《光学》的一篇附录发表于 1704 年）。牛顿在文中指出，曲线是由点的连续运动组成的，面积是由曲线的连续运动组成的，而体积是由曲面的连续运动组成的。他推崇用几何学方法进行纯粹的数学分析。

牛顿微积分学首次公开发表于他的《原理》（1687 年）之中，该书第 1 编第 1 章 11 条引理及附注陈述了他发明的通过首末比方法求极限和微分；第 8 章命题 41 又介绍了运用反流数方法求曲线面积，即积分。第 2 编第 2 章包含有无穷小增量和流数法。求极限法与微积分是牛顿得以建立引力学说体系的重要基础。

牛顿就任官职后数学研究大为减少，主要从事早年手稿的整理工作，但仍保持着一流的状态。1696 年牛顿解决了伯努利设置的著名数学问题：求解最快的下降曲线，他轻易地指出最速降线是旋轮线。1707 年牛顿发表《算数通论》（又译《广义算术》），其中包含有一系列代数学发现，如 n 次代数方程根的 m 次幂和的著名公式，实系数方程虚根成对的证明等。1716 年，牛顿只用几小时就解决了莱布尼茨为了考验英国数学家的水平而提出的一个难题，显示出他虽已年逾古稀仍有敏捷的思维。牛顿死后，于 1736 年发表的《流数术与无穷级数》中，牛顿提出以他的姓氏命名的代数方程数值求根法则。此外，牛顿还是极坐标的原创者之一，并为映射（他称为阴影）理论做出过先驱工作。

光学　牛顿从光学研究开始步入科学共同体。1669年，牛顿发明并制作了第一台反射望远镜，镜长6英寸（1英寸＝2.54厘米），直径1英寸，放大率约30～40倍。这种望远镜避免了伽利略发明的折射望远镜的像差和色散。1671年，牛顿应英国皇家学会之邀制作了第二台改进型反射望远镜，赠送给皇家学会。由于这一研究贡献，牛顿当选为皇家学会会员（1672）。

牛顿发明并制作的反射望远镜

早在1666年，牛顿就进行了光线穿过小孔和三棱镜的实验观察，发现太阳光经过三棱镜后分解为彩色光带。在随后的研究中牛顿表现出揭示事物本质特征的超凡能力。他用小孔取出一种颜色的光，令它通过第二个三棱镜，观察到光线没有进一步分解，于是他得出结论：太阳光是由多种颜色不同的光混合而成的，单色光是光的基本成分，由此他发展出后世称为光的"微粒说"的颜色理论。他还创造出"判决性实验"概念，他认为他的光的颜色理论是经过判决性试验验证的。自然哲学理论必定要经过判决性实验的检验。

虽然牛顿的主要光学研究在17世纪70年代进行，但是他的最重要的光学著作《光学》出版于1704年，其主要原因是他的光本性理论受到同时代的胡克和惠更斯等人的强烈批评。《光学》在牛顿生前出版三个版本，他还校订了该书的第4版（出版于他死后的1730年）。《光学》着重研究了牛顿环现象和光折射现象。由于坚持光波动说的两个强有力的反对者胡克和惠更斯已经去世，牛顿在《光学》中论述的光本性

及其微粒说得以成为主流学说，直到19世纪初T.杨实验验证光的波动说为止。20世纪量子力学提出后光的波粒二象性得到公认，微粒学说又再次得以确认。

《光学》最有价值部分是附在书末的附录"疑问"部分，特别是英文发表的第二版（1717—1718）中的"疑问"。其中，牛顿提到物体会导致远距离光线弯曲；热包含有物体的振动；热辐射由以太

牛顿在做光学实验

振动传递；光线由发光物体发射的微小颗粒组成；光线由于其微小颗粒的引力或其他的力会引起它所作用的物体的振动；振动是引起视觉的原因。至于光的本性，经过胡克和惠更斯的批评，牛顿虽然仍倾心于微粒说，但他把微粒与以太振动相联系，猜测周期性是波动的基本特征，而波长则对应着特定的颜色。虽然牛顿也使用以太概念，但他倾向于以太很可能不存在，即使存在也必定十分稀薄，它对物体运动的阻力可以忽略不计。关于这一点，牛顿重申了他在《原理》中已经表明过的立场：自然哲学的职责是追究现象而不是构造假说。

运动学和天体力学　牛顿的最高科学成就体现在运动学和天体力学中，早在进入剑桥之初，他就已经思考运动的原理，当时他的思想主要受到笛卡儿和伽利略的影响。1664 年他已经对非弹性碰撞问题进行过定量研究，不久他提出惯性原理，指出力与运动的变化之间存在着因果关系，并比惠更斯早十年提出向心力定律。牛顿早在大鼠疫时期就已经深入研究天体的周期运动与引力的关系问题，但他并没有取得最后的成功。1679 年，他在与胡克关于引力与重物轨道问题展开的争吵中逐步意识到平方反比关系的引力作用指向椭圆轨道的一个焦点，而且平方反比关系可能是引力的一个普适关系。

1679—1680 年的牛顿形成了万有引力观念，并且证明平方反比关系与椭圆轨道存在着必然的联系。1684 年，哈雷、胡克和 C. 雷恩大约同时猜到引力的平方反比关系与行星的椭圆轨道之间有必然联系，但他们都无法证明和推导出这一结论。哈雷请教牛

顿，牛顿表示他在几年前已经完成了证明。不久，牛顿写出《论轨道上物体的运动》一文，证明天上与地上的物体服从完全同样的运动规律，引力的存在使得行星及其卫星必定沿椭圆轨道运动，展示出一种全新的力学理论框架。哈雷看出这篇论文有划时代的价值，他敦促牛顿把它扩充为专著发表。于是《原理》这部科学巨著得以问世。

牛顿的力学、运动学和天体力学主要成果集中体现在《原理》之中。牛顿定义了时间和空间概念，定义了作用和力以及运动等概念，这些概念和定义沿用至今。他以公理形式提出了著名的牛顿运动三定律。当他把第二定律带入开普勒行星运动第三定律时，得到了椭圆轨道运动受到距离平方反比引力作用的关系。牛顿证明，这一关系适用于太阳与地球、地球与月球以及木星与其卫星，这就是著名的万有引力定律。在这部著作中，牛顿用统一的概念、理论体系详尽地解释了当时所知的几乎全部运动现象，包括物体、流体、落体、摆体等的运动，包括行星、彗星及行星卫星（月球、木星卫星）的运动，还包括海洋潮汐运动。

荣誉、性格及其他　牛顿的科学创造生涯持续到《原理》发表，当时牛顿45岁。其后近40年牛顿主要以科学界领袖、社会贤达、政府官员身份活动。他从未离开过英国，《原理》出版带给他世界声誉，他是剑桥大学三一学院硕士和院士，卢卡斯数学讲座教授，皇家学会会员，法国科学院外籍院士，英国皇家学会主席，被册封为英国历史上第一个自然哲学家爵士。

牛顿是个谦逊的人，他晚年

回顾自己一生成就时曾说自己是一个在海滩上捡拾贝壳的男孩，对真理的汪洋大海一无所知。但是，由于早年的不幸经历，他在性格上既有内向深思的一面，也有争强好胜、为达到目的不择手段的一面。他在学术生涯中一直伴随着各种争论。1672年，初入皇家学会的牛顿提交了《论光的本性》论文，然而这篇论文遭到分别提出和发展光的波动说的皇家学会秘书胡克和欧洲当时最伟大的几何学家惠更斯的强烈批评，由此引发牛顿与胡克等人之间长达4年之久的第一场论战。参加论战的人中还有英国耶稣会教团，他们认为牛顿的实验及其理论解释是错误的。胡克后来又进一步指责牛顿剽窃他的光学研究成果，引发牛顿的狂怒，致使他孤独自闭，中断与外界交往达6年之久，而且此后再也没有发表光学研究

成果，并在《原理》出版后众望所归的情势下拒绝担任皇家学会主席，直到1703年胡克去世。

牛顿重新回到学术研究是在1679年，当时他与胡克之间关于光的本性的争论已经过去多年，胡克致信牛顿建议二人恢复联络，提出研究行星的轨道运动与向心力作用之间的关系。牛顿对此未作回应，但又不禁向胡克提出另一个设想：考虑地球上的一座高塔，重物从塔顶下落，由于塔顶的切向速度大于塔座，重物将会落在塔的东侧，他还画了一张草图标出重物的下落轨迹，轨迹是一条通过地心的螺旋线的一部分。胡克立即回信告诉牛顿错了，重物的轨迹应当是椭圆而不是螺旋线。牛顿对于被胡克纠正十分不悦，他用引力定常假设纠正了胡克的草图，而胡克又再次告诉牛顿引力不是常量，而是与距离平

方成反比。胡克公开了二人之间的通信内容，破坏了与牛顿之间达成的协议，导致牛顿与胡克决裂。多年后，胡克以这些通信为证据指责牛顿在《原理》一书中剽窃他的研究成果。然而，胡克的平方反比思想只是直觉猜测，他无法把这一关系从开普勒定律中推导出来，他不知道牛顿早已深入研究过椭圆轨道与平方反比关系问题。不过牛顿也承认，与胡克的争论提示他平方反比的引力指向椭圆轨道的一个焦点，而且平方反比关系可能是引力的一个普适关系。由于这场与胡克之间的关于引力问题的争吵，加之母亲去世打击，牛顿再次拒绝公开活动长达3年。

在写作《原理》过程中，胡克通过哈雷要求分享平方反比定律优先权，牛顿再次被激怒，几乎使该书写作流产。《原理》出版后，欧洲学者中有人指责牛顿书中使用的微积分技术是剽窃德国数学家莱布尼茨的，由此引发影响远及一百余年的国际争论。牛顿为了证明自己的原创地位，不惜匿名发表文章攻击莱布尼茨及其支持者（如伯努利），并利用皇家学会主席身份和职权组织自己的门生信徒调查取证，迫使莱布尼茨去世前承认曾阅读过牛顿1669年手稿，反证莱布尼茨剽窃牛顿。这场与莱布尼茨的争吵长达25年，莱布尼茨去世并没有使牛顿罢手，直到牛顿去世才告终结。莱布尼茨独立发明微积分术迟至19世纪中期才得公认。

在与莱布尼茨等人争夺优先权的同时，牛顿还对自己的忠实门徒R.科茨（《原理》第二版序作者）由热情转为冷淡，原因是科茨由于疏忽未能纠正《原理》第一版中的错误，莱布尼茨等人原打算利用这个错误对牛顿再度发起攻击，科茨由此忧伤过度英年早逝。为了防范对手对自己的月球理论的攻击，牛顿还在哈雷的帮助下利用职权任意删节甚至篡改格林尼治天文台台长 J. 弗拉姆斯蒂德的观测结果，致使后者的终生天文观测和研究成果几乎毁于一旦。

在科学活动之外，牛顿大部分时间和精力用于炼金术、圣经编年学和神学研究。他写作过几篇圣经研究论文，纠正他所认为的流传到当时的圣经版本中的讹误。他认为圣经中隐藏着上帝创世时的密码，但遭到历代僧侣的篡改，而他的使命之一就是要恢复圣经的原貌。他还深受 R. 玻意耳等人影响，认为炼金术中包含有重要的宇宙机密，它只能由精英人物破解，而不能被普通人知晓。他的两次精神崩溃与沉迷于炼金术研究中毒不无关系。牛顿虽然有着深沉的宗教信仰，但他极端厌恶和怀疑教会僧侣。他的神学见解在当时属于异端，他曾写过一篇反对三位一体说的论文，在 D. 洛克安排发表时他出于畏惧宗教迫害又予以收回。他反对通过内省可以认识上帝，认为真正的上帝是不可知的，而要认识上帝则"非自然哲学莫属"——需要进行数学和实验研究。这些见解在他的《原理》"总释"中得到清晰的表述。这样的见解有利于科学研究，也是他的科学研究和科学成就的重要原动力。

在研究和学术活动之外，牛顿是个活跃老练的社会活动家和政客。牛顿当选国会议员之后，曾坚决反对英王詹姆斯二世用天主教取代国教的企图，在抵制天主教会人员入主剑桥大学过程中居功甚伟。凭着这个政治成就他

连任国会议员。在伦敦的政治与社交活动，使得牛顿有机会结识哲学家和社会活动家J.洛克等人，并赢得政府要职，成为女王的大臣。在造币厂总监职位上，牛顿提高了管理效率，成功地排挤并取代了自己的上司厂长，又在维护国币信誉和打击伪币制造方面卓有成效。在皇家学会主席任上，牛顿运用强有力的行政手段一改学会的涣散风气，把自己的门生信徒安插到皇家学会和英国所有的重要大学，成为英国新一代信奉牛顿学说的年轻科学家的保护人。

牛顿死后为三个同母异父的弟妹和众多亲属留下多达两万英镑的遗产。他还留下大批手稿，其中除一小部分与数学和自然哲学有关之外，大部分都是炼金术、神学和圣经研究手稿。

瓦 特

英国发明家、机械师，在蒸汽机的发明中作出过重大贡献。1736年1月19日生于英国苏格兰的格里诺克，1819年8月25日在希思菲尔德逝世。瓦特的父亲是木工和造船工。瓦特自幼爱好技艺和几何学，少年时即精通木工、金工、锻工和模型制造等技术。1753年到格拉斯哥和伦敦学习仪器制造。1757年回到格拉斯哥。1764年，为格拉斯哥大学修理T.纽科门蒸汽机模型，开始从事蒸汽机的研究和改进，1785年被选为英国皇家学会会员，1806年被授予格拉斯哥大学法学博士，1814年被选为法兰西科学院外籍院士。

瓦特针对纽科门蒸汽机热效率低、燃料消耗量大的问题进行了研究和改进。他根据他发现的水在沸腾时继续加热水温不再升高的失热现象，在格拉斯哥大学教授J.布莱克提出的比热和潜热概念的启发下，将汽缸排出的蒸汽引入与汽缸分离的凝汽器内冷却，使汽缸在不必冷却的情况下继续由新通入的蒸汽做功，并采用汽缸套使汽缸保温，提高了热效率。瓦特于1765年制成可供实用的单作用式蒸汽机，并于1769年1月5日取得"在火力机中减少蒸汽和燃料消耗的新方法"专利。但由于铸造的缸筒内表面粗糙，活塞与缸筒之间密封差，严重漏气，影响了使用。1774年瓦特去伯明翰，继续研制蒸汽机。1775年，J.威尔金森用他制成的炮筒镗床，为瓦特加工缸筒

内孔，保证了缸筒与活塞的配合要求，使瓦特蒸汽机于1776年投入运行。

为进一步改造蒸汽机，瓦特吸取了德国人J.洛伊波尔德在1772年提出的利用进排气阀使气缸连续往复运动的原理，投入了双作用式蒸汽机的研制工作。他因所发明的使活塞的往复运动转变为旋转运动的曲柄连杆机构已被J.皮卡德取得专利，遂又研制行星齿轮机构予以代替，并于1781年10月取得双作用式蒸汽机的专利权。1784年，他改进蒸汽机的配气机构，采用带气泵的凝汽器和使活塞平行运动的四连杆机构等。1788年他又发明了能控制进气阀的开启程度从而控制蒸汽机速度的离心调速器，1790年又发明了压力表，从而使蒸汽机臻于完善。他将蒸汽机零部件标准化，并投入成批生产。1794

年皮卡德的专利期满，瓦特将行星齿轮机构改为曲柄连杆机构，最后完成了双作用式蒸汽机的发明。瓦特是功率单位"马力"的提出者，国际单位制中的功率单位"瓦特（Watt）"就是以 J. 瓦特的姓氏命名的。

斯蒂芬森

英国工程师、铁路蒸汽机车发明家，生于诺森伯兰郡，卒于切斯特菲尔德。出身于一个煤矿蒸汽机技工的家庭，14 岁时到父亲所在的煤矿做蒸汽机维修保养工作，1812 年担任基灵沃斯煤矿蒸汽机工长。1814 年试制成功矿用蒸汽机车。这种蒸汽机车能牵引 8 节矿车以每小时 4 英里的速度将 30 吨煤从矿中拉出。1821 年斯托克顿—达灵顿铁路修建时，斯蒂芬森提出用他设计的蒸汽机车作为牵引机车的建议。这条铁路建成后，1825 年 9 月 27 日，一列由斯蒂芬森设计的"动力"1 号蒸汽机车，牵引着满载 550 名乘客的列车，从达灵顿出发，以每小时 24 千米（15 英里）的速度驶向斯托克顿，这被认为是人类历史上第一列用铁路蒸汽机车牵引的旅客列车。后来，斯蒂芬森又负责修建了从利物浦到曼彻斯特的 64 千米（40 英里）铁路，于 1830 年 9 月 15 日竣工。这条铁路使用斯蒂芬森和他的儿子 R. 斯蒂芬森共同设计的新机车"火箭"号为牵引机车，速度达每小时 47 千米。

法国于 1828 年 10 月 1 日建成第一条铁路，德国于 1835 年

12月7日建成第一条铁路，斯蒂芬森对于这些铁路的建设和机车车辆的设计制造作出卓越的贡献。此外，他在1815年还试制成功煤矿用的矿灯。

法拉第

英国物理学家、化学家，生于英格兰萨里郡纽因顿镇一个贫苦的铁匠家庭，5岁时随父母到伦敦。在一所普通的日校读书。13岁时法拉第在书店中当学徒，起初送报，后学装订，工余时间自学化学和电学，并动手做实验，验证书上的内容。他在装订《不列颠百科全书》时，偶然看到了《电学》这个条目，更加激发了他对科学的热情。1812年2月至4月，在皇家研究所听了H.戴维的四次化学讲座，每次他都细心笔录，清理成稿，这年10月法拉第写信给戴维，表示献身科学事业的决心，并随信附上自己记录、装订的《H.戴维爵士讲演录》。1813年3月，经戴维介绍进皇家研究所任实验室助手。同年10月，随戴维去欧洲大陆作科学考察旅行。1815年5月回皇家研究所，在戴维指导下从事化学研究。1824年为英国皇家学会会员，1825年为伦敦皇家学院实验室主任，1830年当选为圣彼得堡科学院院士，1833—1862年为皇家研究所富勒化学讲座教授。

早期科学工作 法拉第的第一篇科学论文发表于1816年。从1818年起他和J.斯托达特合作，研究合金钢，首创了金相分析方法。1820年他用取代反应制得六

氯乙烷和四氯乙烯。在 1820 年 H.C. 奥斯特发现电流能使其周围的磁针偏转以后，引起法拉第研究电和磁的关系的热情。法拉第研究了这方面的问题，并在 1821 年 9 月发现通电流的导线能绕磁铁旋转，这是他的第一个重要发现。1823 年，他发现了氯气和其他气体的液化方法。1825 年，发现苯，为芳香族化合物的研究和应用开辟了道路，并开始研究光学玻璃的制造技术。

电磁感应的发现和场的概念的诞生 从 1831 年起，法拉第的科学工作进入一个新阶段。早在 1824 年，他就论证过，既然电对磁有作用，那么磁也应当对电有反作用。经过多次实验，他终于在 1831 年 8 月获得成功。他在一个圆形软铁环两边绕上 A、B 两组线圈，在 A 组线圈同伏打电池接通或切断的瞬间，B 组线圈中会感生出电流，法拉第把这叫作"伏打电感应"。10 月又发现，磁铁和导线的闭合回路有相对运动时，回路中会产生感生电流，法拉第称之为"磁电感应"。接着几年间，他建立了电磁感应定律。1835 年以实验确立了感生电流的方向。从而奠定了整个电磁学的发展基础，也预告了一个新的时代的到来。

受电磁感应启示，法拉第直

觉地揣测到磁铁周围是一个充满力线的场，感生电流的产生是由于导体切割力线。1845 年，法拉第使用了"磁场"一词。1850年，他提出了关于空间的力的新观念：空间是一种能承载电磁力所引起的应变的介质，能量不仅限于发生力的物质粒子中，而且存在于这些粒子的周围空间中。这是牛顿以来又一次震动科学界的最独特的思想，也是导致后来J.C.麦克斯韦提出电磁场数学物理理论的最基本的概念。

法拉第电解定律和其他电学实验研究 1832 年他用实验证明：各种不同来源的电的统一性。1833—1834 年，他发现了两条电解定律（后来称为法拉第第一和第二电解定律），这是电化学的开创性工作。第二定律还指明了电荷具有最小单位。法拉第电解定律是基本电荷存在的有力证据。

法拉第还制订了许多电化学术语，如阴极、阳极、离子、电解质、电解、电极等概念，并测定了电解 1 摩尔物质所需要的电量，后来这被称为法拉第常数。从 1834年起，法拉第对伏打电池、静电、电容和电介质的性质进行了大量实验研究。1837 年发现电介质对电相互作用的影响（电介质极化），并引入了介电常数的概念。1843 年，用冰桶实验证明电荷守恒原理，为了纪念他在静电学方面的工作，电容的实用单位称为法拉。

磁致旋光效应和抗磁性现象的发现 1845 年 8 月，法拉第研究电和磁对偏振光的影响，9 月他用过去研制的重玻璃做实验，发现原来没有旋光性的重玻璃在强磁场的作用下产生旋光性，使偏振光的偏振面发生偏转。这是人类第一次认识到电磁现象和光

现象之间的关系。磁致旋光效应后来称为法拉第效应。

1845 年 11 月，法拉第发现大多数物质具有抗磁性，1849 年又发现了顺磁性，并以这些物质的结晶长轴或分子结构的长轴是否与磁力线的方向平行来解释它们。

晚年研究工作 法拉第工作过度劳累，1839—1845 年间健康恶化乃至病倒。1855 年以后，脑开始衰退。晚年他研究火焰和各种气体的磁性，研究晶体在磁场中所受的力。重视探讨自然界的各种力相互关联，特别是电力和重力的统一性，但没有成功。1862 年他还在寻找磁场对光源发射光谱谱线的影响，也没有成功。1865 年退休。1867 年 8 月 25 日，这个一生放弃丰厚报酬、不愿官爵缠身，而以"平民"为乐的法拉第逝世于伦敦。

法拉第是 19 世纪最伟大的实验物理学家，他的关于自然界的各种力彼此相关并具有同一来源，空间有场，力的作用以场为中心以有限速度传递等观点，是 19 世纪最具革命性的思想。法拉第的一些失败了的实验，在许多年后由别人做成功，如电光效应在 30 年后由 J. 克尔发现，磁场对光源发射光谱谱线的影响在 34 年后由 P. 塞曼证实；而引力场和电磁场的统一至今仍是物理学中的重大问题。20 世纪发展起来的广义相对论和量子场论，更进一步发展了法拉第的场的理论。

法拉第还是一位热心的科普工作者。《蜡烛的故事》一书家喻户晓，被译成各种文字而影响一代又一代年轻人。

法拉第的主要著作有《电学实验研究》《化学和物理学实验研究》《日记》。

傅里叶

法国数学家，生于奥塞尔，卒于巴黎。1795 年曾在巴黎综合工科学校任讲师，1798 年随拿破仑远征埃及，当过埃及学院的秘书。1801 年回法国，又任伊泽尔地区的行政长官。傅里叶很早就开始并一生坚持不渝地从事热学研究，1807 年他在向法国科学院呈交一篇关于热传导问题的论文中宣布了任一函数都能够展成三角函数的无穷级数。1811 年他又呈交了修改过的论文，获得 1812 年科学院颁发的关于热传导问题的奖金。1817 年傅里叶当选法国科学院院士，并于 1822 年成为科学院的终身秘书。1827 年又当选法兰西学院院士。他的著作《热的解析理论》于 1822 年出版，成为数学史上一部经典性的文献。书中处理了各种边界条件下的热传导问题，以系统地运用三角级数和三角积分而著称，他的学生以后把它们称为傅里叶级数和傅里叶积分，这个名称一直沿用至今。傅里叶在书中断言："任意"函数（实际上要满足一定的条件，如分段单调）都可以展开成三角级数。他列举大量函数并运用图

形来说明函数的这种级数表示的普遍性，但是没有给出明确的条件和完整的证明。

傅里叶的创造性工作为偏微分方程的边值问题提供了基本的求解方法——傅里叶级数法，从而极大地推动了微分方程理论的发展，特别是数学物理等应用数学的发展；其次，傅里叶级数拓广了函数概念，从而极大地推动了函数论的研究，其影响还扩及纯粹数学的其他领域。

傅里叶深信数学是解决实际问题的最卓越的工具，并且认为"对自然界的深刻研究是数学最富饶的源泉"。这一见解已成为数学史上强调通过实际应用发展数学的一种代表性的观点。

夏尔多内

法国纤维工艺学家，生于贝桑松，卒于巴黎。1861年毕业于法国巴黎综合工科学校。他从 L. 巴斯德对蚕的研究中得到启示，决定模仿蚕的吐丝过程，用人工的方法生产纤维，先将硝酸纤维素溶解在醇和醚的混合溶剂中，得到的溶液经很细的玻璃毛细管挤出，细流在空气中固化，得到一种类似蚕丝的纺织材料，这是人类最早生产的化学纤维。他于1884年发表了题为《一种类似蚕丝的人造纺织材料》的论文，在1889年的巴黎博览会上展出了纤维产品，获得博览会大奖。同年在贝桑松建立了夏尔多内丝织品公司。

居里两代人

指 P. 居里及其夫人 M. 居里，其女 I. 约里奥 – 居里及其婿 F. 约里奥 – 居里。这两代人主要以其放射性研究在近代科学技术发展中作出的贡献而闻名于世。他们前后曾获得三次诺贝尔奖。

P. 居里（Pièrre Curie 1859—1906） 1859 年生于巴黎。16 岁进巴黎大学理学院，毕业后任该校实验室助理。他曾与其兄 J. 居里一起发现晶体的压电现象。在其研究磁性的博士论文工作中，P. 居里设计制造了一台十分精密的扭秤，现称为居里–谢诺佛秤。1895 年他发现了顺磁体的磁化率正比于其绝对温度，即居里定律。

为了纪念他在磁性方面研究的成就，后人将铁磁性转变为顺磁性的温度称为居里温度或居里点。1895 年 P. 居里和 M. 斯克罗多夫斯卡结婚后共同研究放射性，发现了钋和镭两种元素。1903 年他们夫妇和 H. 贝可勒尔共同获得诺贝尔物理学奖。P. 居里于 1904 年任巴黎大学教授。1905 年被选为法国科学院院士。1906 年不幸在街上被马车撞倒受伤后致死。

M. 居里（Marie Curie 1867—1934） 原名 M. 斯克罗多夫斯卡（Maira Sklodowska），即人们常称的居里夫人。生于波兰华沙。其父为中学数学和物理教师。1891 年到法国巴黎大学学习，于 1893 年和 1894 年先后以优异成绩通过了物理学和数学证书考试。1896 年贝可勒尔发现铀盐会自发地发射出类似 X 射线的辐射。M. 居里下决心寻找其他物质是否也具有

铀盐的这种性质。后来这种性质被命名为放射性。她发现钍也有这种放射性。在研究各种放射性矿物时，她发现沥青铀矿的放射性比铀盐的要强几倍。她认为在沥青铀矿中一定存在着某种未知的、放射性很强的元素。这样她和 P. 居里在实验室中用化学方法和测定放射性的手段，在成吨的沥青铀矿中艰辛地寻找这种微量的未知的元素。结果他们于 1898 年 7 月发现了钋，同年 12 月发现了镭。钋（polonium）的命名是为了纪念 M. 居里的祖国波兰。M. 居里所开创的用放射性进行化学分离与分析的方法奠定了放射化学的基础。1903 年她以《放射性物质的研究》论文获得博士学位。1906 年 P. 居里逝世后，她被提升为教授，接替 P. 居里的职位。她成为巴黎大学理学院第一位女教授。1910 年她的最重要著作《放射性》一书出版。同年她在 A.-L. 德比埃尔的协作下，提炼出金属态的纯镭。1911 年，由于发现了钋和镭并提炼出纯镭的工作，她获得诺贝尔化学奖，成为第一个两次获得诺贝尔奖的人。在第一次世界大战期间，她和她的女儿 I. 居里（I. 约里奥-居里）一起，从事利用 X 射线为伤兵进行医疗诊断工作。1918 年第一次世界大战结束后，她所创建的镭研究所开始积极地活动起来，研究所逐渐成为当时核物理和放射化学的一个主要研究中心。1921 年美国总统 W.G. 哈定代表美国妇女界赠送 M. 居里 1 克镭，她被选为国际联盟文化合作国际委员会委员。1922 年由于她在放射性物质的化学及其在医学上应用的贡献而被选为法国医学科学院院士。1932 年她回到她的祖国首都华沙，参加以她的姓氏命名的镭研究所的开幕典礼。M. 居里由于长期从事放射性工作，得了恶性贫血白血病，于 1934 年在萨朗什附近逝世。放射性强度的单位居里是以居里夫人命名的。

F. 约里奥 – 居里（Frederic Joliot-Curie 1900—1958）和 I. 约里奥 – 居里（Irene Joliot-Curie 1897—1956）均生于巴黎。两人在 1926 年结婚。他们最主要的成就是发现了人工放射性。1934 年，他们用钋的 α 射线轰击铝箔，发现当 α 源移去后，铝箔仍有放射性，其强度也随时间按指数规律下降。这种放射性是由 α 粒子打在铝 –27 上发出一个中子而形成磷 –30，磷 –30 不稳定，又放射出正电子而形成的。他们还发现了其他一些由 α 粒子所引起的核反应生成的人工放射性同位素。由于这一发现，他们在 1935 年获得诺贝尔化学奖。后来，F. 约里奥 – 居里由于放射同位素在医学上应用的研究而当选为法国医学科学院院士。

约里奥 – 居里夫妇对中子的发现和核裂变现象的发现都作出了重要的贡献。在第二次世界大战期间，他们是反法西斯战士。战后又为法国原子能事业和法国原子能研究中心的建立作出了贡献。F. 约里奥 – 居里还是法国共产党党员，曾任该党中央委员。I. 约里奥 – 居里和她母亲一样，由于放射性工作引起的白血病，于 1956 年在巴黎逝世。F. 约里奥 – 居里则因肝病于 1958 年也在巴黎逝世。

富兰克林

美国资产阶级政治家、思想家和科学家，生于波士顿的手工业者家庭，卒于费城。富兰克林只读过两年书，靠勤奋自学成才。通晓法、西班牙、意大利、拉丁等多种语言。青年时代做过学徒和印刷工人。1729年创办《宾夕法尼亚报》。他热心公共事业，协助创办一些文化教育事业。1731年在费城建立北美第一个公共图书馆。1732—1757年编印《可怜的理查德历书》，以他在各地搜集并加以改写的格言宣传资产阶级的哲学、科学、文学和艺术，被译成12种文字，畅销欧美各国。1743年组织美国哲学会，1751年

帮助创建宾夕法尼亚大学。

1736—1776年历任宾夕法尼亚议会秘书、议员，费城邮局副局长及殖民地邮政总长。1754年出席奥尔巴尼大会，提出奥尔巴尼计划，促进殖民地的联合。1757—1775年几次代表殖民地赴英谈判，曾幻想和平解决争端。独立战争爆发后，毅然归国参战，担任宾夕法尼亚治安委员会主席，并出席第二届大陆会议，参加起草《独立宣言》。1776年出任驻法商谈协议特派员，积极呼吁欧洲进步舆论的支持，以纵横捭阖的外交手腕，巧妙地利用

英法之间的矛盾，终于在 1778 年签订《法美同盟条约》和《法美友好通商条约》，并促使法国、西班牙、荷兰先后参战，加速了北美独立战争的胜利。是年，他被大陆会议委任为驻法大使。1783 年 9 月作为美国代表团成员与英签订《巴黎条约》。1785 年归国担任宾夕法尼亚州州长，1787 年参加制宪会议，主张废除奴隶制，实现一院制，将人民权利列入宪法，为实现资产阶级民主做出最后的努力。

富兰克林是研究电学的先驱者。1752 年进行震惊世界的用风筝吸引天电的实验，并发明避雷针。在光学、化学、热学、声学等方面也作出了重要的贡献。在文学方面造诣很深，生前撰写的《富兰克林自传》是一部优秀的文学作品。哈佛大学和耶鲁大学（1753）以及威廉与玛丽学院（1756）先后授予他文学硕士学位。他在英国还获得圣安德鲁斯大学（1759）和牛津大学（1762）法学博士衔。

爱迪生

美国发明家、企业家，生于俄亥俄州迈兰的一个荷兰移民家庭，卒于新泽西州西奥兰治。幼时只受过 3 个月的正规教育，12 岁起做过报童、小贩、报务员等以谋生计。1868 年他发明一台选票记录仪想推销给国会，但没有被采用。爱迪生的第一项发明没有找到市场使他更注重发明的实用性。1869 年，爱迪生由波士顿移居纽约。他改进金指示器电报

公司的电报机，得到公司经理的赏识，受聘月薪 300 美元（这在当时是很高的月薪）。1870 年，爱迪生移居新泽西州，开始他的高效发明时期。1874 年他改进了打字机。1876 年，他给 A.G. 贝尔发明的电话加装碳粒话筒，提高了受话的声响。

1876 年，爱迪生创办他著名的实验室。在这个实验室里，他

打破以往科学家个人独自从事研究的传统，组织一批专门人才（包括 N. 特斯拉等人），由他出题目并分派任务，共同致力于一项发明，从而开创现代科学研究的正确途径。1877 年，他发明留声机。1878 年，他开始白炽灯的研究，在十几个月中经过多次失败后，于 1879 年 10 月 21 日成功点亮白炽炭丝灯，稳定地亮了两整天。1882 年，他在纽约珍珠街创办世界第二座公用火电厂，建立起纽约市区电灯照明系统，成为现代电力系统的雏形。电照明的实现，不仅大大改善人们生产劳动的条件，也预示着日常生活电气化时代即将到来。1883 年，爱迪生在试验真空灯泡时，意外发现冷、热电极间有电流通过。这种现象后来被称为"爱迪生效应"，成为电子管和电子工业的基础。1887 年，爱迪生移居西奥

兰治，并于同年在该市创建规模更大、装备也更新的实验室，即著名的爱迪生实验室（后人称之为"发明工厂"）。在这里，他根据 G.伊士曼的发明，制作自己的照相机。1888 年，研制出一台称之为活动电影的摄影机，可以记录持续活动约 1 分钟的景物，这种摄影机被视为近代电影摄影机的始祖。1891 年，他和 W.K.L.迪克森发明早期的活动电影视镜，获得"活动电影摄像机"专利权。1914 年，爱迪生用留声机和照相机制成最早的有声电影系统。

晚年，他的发明和革新包括蓄电池、水泥搅拌机、录音电话、双工式电报系统和多工式电报系统、铁路用制动器等。第一次世界大战期间，他任海军技术顾问委员会主席，指导鱼雷和反潜设备研究，发明几十种武器。为此，美国政府于 1920 年授予他卓越服务奖章，法国政府授予他军团荣誉勋位。1928 年，美国国会授予他荣誉奖章。终其一生，爱迪生共获 1 093 项发明专利权。

爱迪生一生发明众多，但他缺乏系统的科学知识，因而对现代技术的发展不能做出正确判断。19 世纪末，交流输电系统已经出现，但他仍坚持直流输电，并在与 G.威斯汀豪斯发生的激烈竞争中丧失承建尼亚加拉水电站的合同；他的实验室盲目试制磁力选矿设备，耗尽发明电灯所得的资金，最后不得不放弃。但是，爱迪生在电力开发、电器制造和推广电能应用等方面所作的贡献，使他成为人类历史上最伟大的发明家之一。

莱特兄弟

世界航空先驱、美国飞机发明家。W.莱特（Wilbur Wright，1867—1912），生于印第安纳州米尔维尔，卒于俄亥俄州代顿。O.莱特（Orville Wright，1871—1948），生于代顿，卒于代顿。莱特兄弟仅读完中学课程，自幼对飞行怀有浓厚兴趣，曾仿制过"竹蜻蜓"，早年从事自行车修理和制造。1896年，德国滑翔飞行家O.李林达尔在飞行中失事牺牲，莱特兄弟深受影响，决心研制动力飞行器。

风洞实验 莱特兄弟刻苦钻研李林达尔的著作和当时能找到的有关飞行的书籍，接受李林达

尔的经验，走先滑翔飞行以掌握稳定操纵、进而实现动力飞行的道路；同时通过自制小风洞的实验纠正了李林达尔编制的空气压力数据表中的某些错误。1901年，他们制作了200多个不同形状的机翼模型在不同角度下进行上千次风洞实验；又用展弦比不同的机翼测量升力，发现机翼的展弦比越大，产生的升力也越大。

滑翔试验 莱特兄弟认为，飞机的平衡、上升和转弯可通过偏转舵面来实现；又发明卷角翼尖来保证横侧稳定与操纵，从而实现飞机围绕3个轴的运动。他们还研究了鸟和风筝的飞行，制造了一架风筝形的滑翔机进行试验，并于1900年完成第一次载人滑翔飞行。1900—1903年间他们共制造3架滑翔机，在北卡罗来纳州基蒂霍克附近的斩魔山进行了近千次滑翔飞行，最后一架滑

翔机完全达到了稳定操纵要求。在第三架滑翔机基础上制成的飞机安装一台自制的8.8千瓦（12马力）功率的内燃机，带动两副二叶推进式螺旋桨，采用升降舵在前、方向舵在后的鸭式布局。机翼剖面呈弧形，翼展13.2米。着陆装置为滑橇式，驾驶员俯卧操纵，这架飞机被命名为"飞行者"1号。

动力飞行成功　1903年12月17日，"飞行者"1号在基蒂霍克试飞，共飞行4次。第一次由O.莱特驾驶，飞行距离36米，留空时间12秒。最后一次由W.莱特驾驶，飞行距离达260

W.莱特

O.莱特

米，留空时间 59 秒，这是受到公认的最早的空中持续动力飞行。1904—1905 年，莱特兄弟又制造了"飞行者" 2 号和"飞行者" 3 号。后者是世界上第一架实用的飞机，它能转弯、倾斜和盘旋飞行，留空时间超过半小时。1906 年，莱特飞机的专利在美国得到承认。1908—1909 年，莱特兄弟正式接受美国陆军部的订货并组建了莱特飞机公司，还签订了在法国建立飞机公司的合同。莱特兄弟 1909 年获美国国会的荣誉奖。1924 年 O.莱特被授予卓越飞行十字章。人们在莱特飞机试飞成功的基蒂霍克树立起莱特兄弟纪念碑。

海厄特

美国化学家，赛璐珞制造方法的发明者，生于纽约州斯塔基，卒于新泽西。1869 年完成了赛璐珞的制造技术，并设计制造了生产赛璐珞的专用设备，1870 年获得专利。1872 年与其兄弟一起设厂生产赛璐珞，开创人类制造高分子材料的新纪元。后又将赛璐珞做成透明片材以代替重而易碎的玻璃片用作照相片基。此外，他还发明了用混凝剂使水净化的方法。1891 年发明了在现代机器上广泛采用的滚珠轴承。还发明了甘蔗压榨制糖机，制造了机器传动皮带的缝合机。由于发明赛璐珞，1914 年获珀金奖章。

戴姆勒

德国机械工程师，汽油机的发明人之一。生于符腾堡州的绍恩多夫，卒于斯图加特附近坎施塔特。1853—1856 年在埃森一家机床制造厂工作。1857—1859 年入斯图加特工业学校，1861—1863 年到英国实习进修，回国后先后在盖斯林根、罗伊特林根和卡尔斯鲁厄的机械制造厂工作。1872 年受 N.A. 奥托邀请，进入兰根汽车公司的德国煤气发动机工厂，协助改进四冲程发动机。但因与坚持工厂动力源的奥托等人意见不合，1882 年同 W. 迈巴赫一起脱离公司，自己建厂研制空气冷却的汽油发动机，并于 1883 年制造成功立式汽油机。设计成功了汽化器的现代形式。还用白炽灯管解决了点火问题，转速达 800 ～ 1000 转 / 分，比以往的内燃机转速提高 4 ～ 5 倍。它功率大、重量轻、体积小、转速快和效率高，为此 1884 年获得小型高速发动机专利，1885 年获密闭式曲轴箱和立式单缸汽油机专利及表面汽化器专利，1889 年获 V 型气缸发动机专利。1885 年他和迈巴赫将汽油发动机装在自行车上

并获得专利权，制成第一辆摩托车，成为摩托车的创始者。1886年他制成第一辆四轮汽车和第一艘摩托船。1890年在斯图加特郊外的坎斯塔特建立戴姆勒汽车公司，于1926年与本茨（奔驰）汽车公司合并，称戴姆勒－奔驰汽车公司。因对汽车工业的发展作出贡献，在坎斯塔特建有戴姆勒的纪念碑。

本 茨

德国机械工程师，汽油机的发明者和改进者之一。生于卡尔斯鲁厄，卒于曼海姆附近拉登堡，本茨初在家乡学习机械工程。离开学校后在一家锁厂工作。他仔细钻研 N.A. 奥托发明的发动机工作原理，1879年研制成功火花塞点火内燃机。1883年成立本茨公司，生产当时急需的固定式本茨发动机。1885年设计并制造了世界上第一辆实用的内燃机汽车，为单气缸二冲程三轮汽车。它启动方便，时速约15千米，装有电点火装置和水冷式冷却器，发动机与车架为一个整体。这部汽车现保存在斯图加特，本茨因此被称为"汽车之父"。1886年1月

29 日，德国曼海姆专利局批准本茨的三轮汽车专利申请，这一天被大多数人称为"现代汽车诞生日"。1888 年 8 月，本茨太太为让世人了解她丈夫的发明将会给人类带来多大的方便，便带着孩子驾车到另一个小镇去访问亲戚，引起当时社会的震动，人们开始对汽车刮目相看。

本茨 1890 年制造出四轮汽车，发动机功率为 3.5 马力，采用差动传动装置。1899 年生产出第一辆赛车。1893 年，本茨公司首次成批生产四轮汽油内燃机汽车。1900 年售出装有 3 马力发动机的汽车已达 4000 辆，成为欧洲最大的汽车制造公司。1926 年本茨公司与戴姆勒汽车公司合并。

拉采尔

德国地理学家、人类学家，曾译作 F. 拉策尔。生于巴登卡尔斯鲁厄，卒于阿默兰。1868 年毕业于海德堡大学。曾任《科隆日报》记者，旅行东欧、南欧和北美、中美的一些地方。后任慕尼黑工业大学讲师、教授。1886 年接替 F.von 李希霍芬，任莱比锡大学地理学教授。致力于研究人类迁移、文化借鉴和人地关系，是人文地理学的奠基人之一。最重要的代表作是《人类地理学》2卷，1882、1891），第 1 卷主要探讨各种自然特征对历史发展的影响，第 2 卷主要论述了人类的分布和迁移。该书全面叙述了人文

地理学，认为人是地理环境的产物，同时认为由于有人类因素，环境控制是有限的，并把位置、空间和界限作为支配人类分布和迁移的三组地理因素。另一重要代表作是1897年著的《政治地理学》。该书把国家比作有机体，认为国家是地球表面上具有确定的组织和生命分布的人类集团；作为空间有机物的国家总想要达到它的自然界限，如果没有强大的邻国给以反对，它就要越过这些界限；探讨了土地和国家的相互依存、国家的迁移和成长、国家的空间增大等。第一次把政治地理学作为学科进行研究。1901年发表《生存空间：生物地理学研究》一文，创用"生存空间"一词，意为"活的有机物在其范围内发展的地理区域"。此文被认为是地缘政治学的发端。主要著作还有《人类史》（3卷，1885—1888）、《德国：乡土地理导论》（1898）和《地球与生命：比较地理学》（2卷，1901、1902）。

诺贝尔

瑞典化学家和工程师，生于斯德哥尔摩，卒于意大利圣雷莫。诺贝尔1842年随家去俄国圣彼得堡居住。1850年去巴黎学习化学一年，后又在美国J.埃里克森手下工作过四年。回圣彼得堡后，在他父亲的工厂里工作。

1859年诺贝尔开始研究硝化甘油，1862年完成了第一次爆炸实验，1863年获得了瑞典炸药专利。诺贝尔在斯德哥尔摩附近建立了小型工厂来生产硝化甘油，

但 1864 年工厂爆炸，五人（其中有诺贝尔的弟弟）丧生。瑞典政府禁止重建该厂，他只好在湖里的一只驳船上进行实验。为了防止以后再发生意外，诺贝尔将硝化甘油吸收在惰性物质中，使用比较安全。诺贝尔称它为"达纳炸药"，并于 1867 年获得专利。1875 年诺贝尔将火棉（纤维素六硝酸酯）与硝化甘油混合起来，得到胶状物质，称为"炸胶"，比达纳炸药有更强的爆炸力，于 1876 年获得专利。1887 年诺贝尔发展了无烟炸药。他还有许多发明，在橡胶合成、皮革及人造丝的制造上都获有专利。

诺贝尔经营油田和炸药生产，积累了巨大财富。他逝世时将其主要遗产作为每年对世界上在物理学、化学、医学或生理学、文学及和平方面对人类作出巨大贡献的人士的奖金基金，于 1901 年第一次颁发。1968 年起，增设诺贝尔经济学奖，由瑞典银行提供资金。